História e Cultura
no Som da Viola

CONSELHO EDITORIAL

Aurora Fornoni Bernrdini – Beatriz Muyagar Kühl – Gustavo Piqueira
João Angelo Oliva Neto – José de Paula Ramos Jr. – Leopoldo Bernucci
Lincoln Secco – Luís Bueno – Luiz Tatit – Marcelino Freire
Marco Lucchesi – Marcus Vinicius Mazzari – Marisa Midori Deaecto
Paulo Franchetti – Solange Fiuza – Vagner Camilo
Walnice Nogueira Galvão – Wander Melo Miranda

Ivan Vilela
HISTÓRIA E CULTURA NO SOM DA VIOLA

ENSAIOS E RELATOS SOBRE CULTURA POPULAR

Ateliê Editorial

Copyright © Ivan Vilela, 2024

Todos os direitos reservados e protegidos pela lei 9.610 de 19.2.98. É proibida a reprodução total ou parcial sem autorização, por escrito, da editora.

Dados Internacionais de Catalogação na Publicação (CIP)
(Câmara Brasileira do Livro, SP, Brasil)

Vilela, Ivan
História e Cultura no Som da Violar: Ensaios e Relatos sobre Cultura Popular / Ivan Vilela. – Cotia, SP: Ateliê Editorial, 2024.

ISBN 978-65-5580-136-1

1. Cultura Popular – Brasil 2. Música Popular Brasileira – História 3. Portugal – Aspectos Culturais 4. Viola – Música 5. Viola Caipira (Música) I. Título.

24-205250 CDD-787.3

Índices para catálogo sistemático:
1. Viola : Música : História 787.3
Aline Graziele Benitez – Bibliotecária – CRB-1/3129

Direitos reservados à

ATELIÊ EDITORIAL
Estrada da Aldeia de Carapicuíba, 897
06709-300 – Granja Viana – Cotia – SP
Telefone: (11) 4702-5915
contato@atelie.com.br | www.atelie.com.br

Printed in Brazil 2024
Foi feito o depósito legal

in memoriam *de Alfredo Bosi e Carlos Rodrigues Brandão*

*– Seu Dito, o que é que o senhor acha desses grupos
de congado que não têm só tambores,
mas misturam de tudo?*

*– Olha, meu filho, eu acho muito bom esses grupos que misturam tudo, pois o congado espelha o mundo e se o mundo muda, o congado também precisa mudar para continuar representando o mundo em que vivemos.
Eu colocaria até um "pianinho de pia" (teclado), e eu não pus ainda porque não encontrei.*

Sumário

Apresentação 13

Prefácio 19

Ensaios

1. Viola: Uma História Sonora do Povo 33

Troque as Lentes, Por Favor 33

Para a Rua, a Rua. Para a Casa, a Casa 35

Usos e Desusos de Utensílios, Costumes e Instrumentos . . . 39

Finalmente, a Viola 41

Indo ao Assunto 46

Retenção de Conhecimentos 50

As Artes de Se Tocar a Viola 52

Recepção e Criação 56

Outras Pistas 60

Outras Paisagens 62

HISTÓRIA E CULTURA NO SOM DA VIOLA

2. Vargas, Salazar e o Destino das Violas 89

Algumas Questões 96

Por Dentro da Festa. 114

Voltando à Tradição 116

3. A Cultura como Boi de Guia 121

Saber Informal? 130

Música Popular e Crônica Social 133

Outras Múltiplas Raízes 136

Música Popular e Emanação do Próprio Interior 139

Outras Veredas. 148

Relatos

1. Da Prática, a Teoria 155

O Início. 155

O Primeiro Passo 158

Relações Humanas no Mundo da Viola. 159

A Alternativa 164

2. A Técnica das Dez Cordas. 175

O Caminho. 178

Conferência

1. Por que a Minha Música não Entra no Repertório?. . 187

Música Clássica no Brasil 195

A Escuta como Ferramenta ou o Impasse no Ensino da

Percepção Musical 200

Equívocos Perpetuados como Verdades 203

Alienação 208

Ainda no Século xix?. 210

O Processo Civilizador. 212

Outras Experiências 220

POSFÁCIO – IVAN VILELA NA TOADA DO RELATO:
  BREVE ENSAIO DE TRADUÇÃO CONTRACOLONIAL
  Álvaro Silveira Faleiros *223*
REFERÊNCIAS BIBLIOGRÁFICAS *233*

APRESENTAÇÃO

ste livro carrega 35 anos de vivências junto a festejos e também a leituras relacionadas às culturas populares pelas vias da história e das ciências sociais.

Sempre me vi mais como um artista que buscou vivenciar por dentro a cultura do meu país que como um pesquisador padrão, com um olhar externo à cena, munido de teorias que orientam pensamentos e ações.

Carlos Brandão, amigo desde os anos 1980, é uma das duas pessoas a quem dedico este livro. Foi com ele que aprendi a pesquisar no campo. Viajamos por mais de dez anos acompanhando festas populares em Minas Gerais, do sul ao norte. Ele estranhava o fato de muitas vezes eu sair a campo sem gravador ou caderno. Como músico, eu buscava outras coisas.

Eu queria ser a festa e da festa. Sentir e pensar como as pessoas que ali estavam era o que mais me interessava. Não queria aprender um trecho da melodia deles para inserir em minhas músicas. Eu buscava trazer para dentro da minha música o espírito, a crença e a energia que movia aquelas pessoas e aqueles grupos, e não fragmentos sonoros de suas criações. Meu intento era o de me adentrar nos processos das microrrelações internas que ali se operavam e que os tornava a ser o quê e como são e a fazer o quê e como fazem, e não apenas vê-los no momento de suas celebrações. Eu queria olhar o mundo através de seus olhos, estar com eles, ser como eles.

Assim, cheguei à viola e ela me levou, como professor, à universidade, e na universidade mergulhei no mundo dos estudos acadêmicos. Li mais. Conheci autores. Tive a sorte de conviver dia a dia, por mais de vinte anos, com a antropóloga Gabriela Jahnel, que muito me ensinou, e também de ter amigos mais velhos, professores, que me deixaram prenhe de novos olhares, dentre os quais me são inesquecíveis Alberto Ikeda, Alfredo Bosi, Almeida Prado, Carlos Rodrigues Brandão, Ecléa Bosi, José de Souza Martins, José Eduardo Gramani, José Roberto Zan e Rubem Alves, todos eles presentes em minhas ideias, ora como substrato, ora como fermento.

Ter cursado dois anos de uma faculdade de História e já estar trabalhando como músico, antes de ter iniciado o curso de Composição Musical, já com 26 anos de idade, foi determinante para agenciar a maneira como o conhecimento que a mim chegava era aproveitado, pois ele se aninhava em um campo de experiências já existentes, por mim antes vivenciadas.

Meus estudos e percepções sobre as culturas populares e a música popular brasileira me mostraram o quanto a nossa educação foi baseada em cânones e como estes estão presentes em todos os espaços dos nossos pensamentos e também na nossa maneira de olharmos o mundo que nos cerca.

APRESENTAÇÃO

Este livro é dividido em três ensaios, dois relatos e uma conferência. Os relatos, tais como os ensaios, são carregados de uma carga investigativa, calcada, em parte, numa visão experiencial vivida por mim no momento da pesquisa, mas também etnológica, fruto de uma intensa observação e convívio.

A presença, a imanência e a permanência das culturas populares na construção de uma cosmologia brasileira, se é que assim podemos chamar, é, para mim, essencial, e, portanto, é o que move e justifica a existência deste livro.

O cerne que determina a existência destes ensaios transita em torno da ideia do porquê não utilizamos, enquanto potência, enquanto povo e enquanto cultura, nossos saberes originários para a criação de nossos próprios valores, da nossa própria ciência, das nossas próprias direções, do nosso próprio caminhar, do nosso próprio Sul, e, por que não, na orientação e construção do nosso próprio modo de viver. Por que não incluímos os outros saberes, que não o escrito, na construção do nosso saber enquanto uma totalidade se, na realidade, somos o que somos graças a essa totalidade? Claro que tudo isso muito longe de uma atitude xenófoba, pois, afinal de contas, somos uma cultura de soma.

O olhar que sugiro às questões relacionadas à viola e suas histórias é, na realidade, uma mostra de caminhos comportamentais e criativos do modo como o povo simples do Brasil, e também de Portugal, articulou sua criatividade e sua comunicação diante das vicissitudes causadas pela opressão e pela pobreza fazendo da música a sua principal cronista.

Sendo professor de uma instituição de ensino musical que, como muitas no Brasil, manifesta permanentemente uma adesão à cultura europeia clássica e romântica e, ao mesmo tempo, uma explícita repulsa à cultura e à música brasileira no ambiente do ensino e suas práticas, pude, ao longo dos últimos vinte anos, ter um campo bastante rico em questionamentos e observações que ajudaram a fortalecer minha experiência na construção de uma outra maneira de se pensar o Brasil. Isso através da música, através da criatividade que nos é inerente e, sobretudo, pela via de um olhar carregado de brasilidade que poderia alavancar um ensino musical em que nossas potências naturais teriam mais espaço para serem expostas, o que, certamente, musicalmente, nos mostraria ao mundo muito maiores do que aparentamos ser.

Parte dos temas presentes neste livro foram aprofundados a partir do convite feito a mim pelos professores Jorge Castro Ribeiro e Susana Sardo, para que eu fosse, por três anos, o investigador encarregado de gerir a pesquisa do Projeto AtlaS – Atlântico Sensível, que buscou entender, através dos trânsitos migratórios, as interações sociais criadas no Atlântico lusófono pelas violas e cavaquinhos, ambos instrumentos de origem portuguesa. Esse projeto esteve ligado ao Instituto de Etnomusicologia da Universidade de Aveiro, em Portugal. À Susana e ao Jorge, o meu sincero agradecimento e amizade.

Aos professores José Roberto Zan e Álvaro Silveira Faleiros, que escreveram, neste livro, o prefácio e o posfácio, respectivamente.

À amiga e jornalista Ana Luísa Zaniboni Gomes, pela cuidadosa leitura do livro e pelas preciosas sugestões.

Ao professor Tiago de Oliveira Pinto, do Centro de Estudos Transculturais da Unesco, na Universidade de Weimar, Alemanha, que me instigou a escrever sobre metodologia musical e cultura no Brasil. As reflexões surgidas desta motivação contribuíram na elaboração do terceiro ensaio deste livro, intitulado "A Cultura como Boi de Guia".

Às revisões e ideias acuradas do mano Chico Villela e de Ana Claudia Almeida, revisora da Ateliê Editorial.

Ao fundamental suporte oferecido por Elisa Bracher, a minha gratidão.

Ao amigo, editor e produtor galego Ramon Almuinha, com quem os debates sobre nossas culturas nativas foram sempre tão motivadores e incrivelmente semelhantes.

E um especial agradecimento ao meu sempre amigo Plinio Martins, da Ateliê Editorial, que acreditou e levou adiante a edição desta obra.

P REFÁCIO
José Roberto Zan[*]

ste livro de Ivan Vilela contém estudos sobre a viola caipira ou brasileira, um cordofone dotado de cinco pares de cordas, sendo os dois primeiros uníssonos e os demais oitavados, cuja origem remonta à Península Ibérica medieval. O instrumento chegou ao Brasil no início da colonização, trazido principalmente pelos jesuítas para uso nos trabalhos de catequese, e adquiriu configurações diversas ao longo do tempo, exercendo centralidade em inúmeras práticas culturais, muitas delas de cunho lúdico-religioso, em diversas regiões do país. No século xx foi incorporada à indústria fonográfica, passando a soar em acompanhamentos e solos em discos de música caipira ou sertaneja. É um instrumento essencialmente popular, tanto em Portugal como no Brasil.

[*] Sociólogo, professor livre-docente do Instituto de Artes da Unicamp.

Ivan é músico, instrumentista, compositor, arranjador, musicólogo, docente da Universidade de São Paulo e se dedica ao estudo da viola há trinta anos. Sua extensa obra artística está registrada em duas dezenas de discos, inúmeros arranjos, trilhas de filmes e peças de teatro e centenas de apresentações no Brasil e no exterior. Com esta coletânea de textos, apresenta ao leitor resultados de uma investigação rigorosa, crítica e reflexiva sobre a trajetória desse instrumento no Brasil e em Portugal. A forma de exposição se aproxima do ensaio como gênero textual. Sem prescindir do rigor analítico, o ensaio é mais flexível que um artigo ou monografia científica, uma vez que não tem a pretensão de ser absolutamente conclusivo ou sustentar teses de alcance totalizante. Mesmo não dispensando o trabalho rigoroso com as fontes e o referencial teórico, mantém certo caráter exploratório e investigativo, deixando brechas para a reflexão crítica acerca dos temas tratados. De certo modo, essas características estão presentes nos textos que compõem este livro, uma obra de grande importância para músicos e pesquisadores das culturas populares redigida de maneira acessível até mesmo ao leitor leigo que se interessa por esses assuntos.

Natural de Itajubá, cidade situada ao sul do Estado de Minas Gerais, Ivan vivenciou desde a infância a proximidade com o meio rural e os modos de vida do homem do campo, o que lhe fez tomar "gosto pelas expressões das manifestações das culturas populares". Talvez essa também seja uma das razões da sua opção epistemológica nos trabalhos acadêmicos ao evitar o distanciamento e a neutralidade objetivistas no estudo dos eventos culturais e compartilhar experiências com os sujeitos que protagonizam esses eventos, rompendo com a dicotomia e a verticalidade na relação entre pesquisador e pesquisado. Em seu trabalho investigativo, realizado na perspectiva da História

Social, da Antropologia, da Etnomusicologia, entre outros campos disciplinares, dialoga com autores e obras que tratam criticamente de questões vinculadas ao universo da cultura. Mais do que isso, oferece ao leitor relatos de suas experiências como músico e docente dedicado ao ensino e à pesquisa da música. No primeiro ensaio desta coletânea, indica uma das chaves da perspectiva analítica que orienta todo o seu trabalho de pesquisa. A viola – diz ele – sempre esteve "[...] ligada às mãos de pessoas humildes, desde sua origem em Portugal até sua vinda e permanência no Brasil ao longo de cinco séculos". Na maioria das vezes, são mãos de pessoas desprovidas de cultura letrada e, portanto, portadoras de hábitos, costumes, valores e crenças que se reproduzem no âmbito da oralidade.

Ivan aponta as limitações presentes em muitos estudos acadêmicos sobre a cultura e a música de estratos sociais não grafocêntricos realizados exclusivamente com base em documentos escritos. Essa prática restringe, de certo modo, o alcance da pesquisa e orienta a seletividade dos fatos, produzindo obras lacunares, com abordagens parciais dos eventos e muitas vezes impregnadas de valores etnocêntricos do campo erudito. Ele cita como exemplo o fato de que durante muito tempo, pelo menos até meados do século XX, historiadores e musicólogos apontavam a modinha e o lundu como matrizes essenciais da nossa música popular, ignorando a variedade de gêneros já existentes no Rio de Janeiro no final do século XIX. O uso de documentos escritos produzidos pelo Instituto Histórico e Geográfico Brasileiro após a Independência sobre modinhas e lundus, gêneros supostamente portadores de representações da nacionalidade, levou à construção de uma espécie de história oficial da música brasileira, que fechou os olhos para a imensa diversidade cultural do país. Ivan destaca que a viola, instrumento fortemente vinculado às práticas culturais do povo, também foi alvo da seletividade e de apagamentos empreendidos por pesquisadores, tanto no Brasil como em Portugal.

Subjaz ao trabalho de Ivan a percepção de que a cultura é um campo que produz e reproduz desigualdades e relações de poder. A dominação cultural imposta a segmentos sociais subalternos no interior de uma sociedade ou a subjugação de povos nos processos de colonização não ocorrem de maneira absoluta, linear e sem conflitos. Mesmo frente à estratégia dos dominantes de apagamento das culturas subordinadas, o processo é sempre marcado por tensões e práticas de resistência que se manifestam de múltiplas formas. Os povos submetidos a processos de dominação, principalmente os não grafocêntricos, ao assimilarem a cultura hegemônica, se apropriam de aspectos desta cultura e os ressignificam a partir de seus próprios códigos de significação, ou, como indica Ivan em linha com a filósofa Simone Weil, a partir de seu próprio "arcabouço cultural". A história da música brasileira está repleta de exemplos. De Villa Lobos aos Racionais, passando por uma miríade de compositores dos campos erudito, semierudito e popular, o procedimento de assimilar e ressignificar o que vem de fora, numa operação de "autorreferenciamento", parece presente em todos eles. Considerando a nossa formação histórica no interior do sistema colonial que levou à subjugação/destruição de comunidades originárias e a escravização de populações trazidas da África, Ivan conclui que "o que pulsa dentro de nós, enquanto substrato gerador de toda a percepção de mundo, tem suas bases fundadas no mundo indígena e africano e não propriamente no português como nos foi ensinado".

A produção e transmissão de conhecimento por processos orais foram práticas que predominaram ao longo de nossa história. Para Ivan, isso possivelmente se deveu, entre outras razões, à implantação tardia das universidades no Brasil, instituições vocacionadas para a geração e transmissão do saber escrito ancorado no racionalismo e em epistemologias do Ocidente moderno. Por consequência, os saberes tradicionais populares foram, muitas vezes, rotulados como "conhecimento informal" e relegados a uma condição de inferioridade em relação ao saber acadêmico. Para ele, não se trata de "informalidade", uma vez que todo conhecimento, para ser transmitido, necessita de formalização. São, de fato, "saberes de experiência" gerados e disseminados no interior de relações que constituem formas tradicionais de sociabilidade que ainda perduram na formação social brasileira. Mesmo frente a práticas de apagamento de aspectos da cultura popular subjugada, persistem centelhas de "saberes de experiência" em nossa sociedade. Não por acaso, a música popular no Brasil cumpriu e ainda cumpre o papel de "cronista" para determinados segmentos da população que não tiveram chance de registrar ou de contar sua própria história por outros meios.

O processo de apagamento cultural se evidencia no estabelecimento de recortes seletivos e a valorização de determinados fatos, eventos, personagens ou formações culturais, orientados muitas vezes por um olhar etnocêntrico, e que são alçados à condição de "cânones" da história cultural. Caso exemplar é o da noção de Música Popular Brasileira, identificada pela sigla MPB, um segmento musical que, a partir de meados dos anos de 1960, passou a abrigar a produção de um conjunto de artistas situados no eixo Rio–São Paulo–Salvador e que conquistou reconhecimento e legitimidade. Trata-se de uma construção histórica orientada por um olhar seletivo que levou a "canonização" desse segmento em detrimento da imensa diversidade musical presente na sociedade brasileira. Estilos e gêneros musicais excluídos desse recorte são muitas vezes relegados à categoria de "música regional". Conclui Ivan que "sempre que canonizamos algo, no mesmo momento, nos esquecemos de outro algo contemporâneo ao cânone".

O ensino da música no Brasil tem contribuído para a reprodução e fixação dos cânones. Ivan relata sua experiência ao assumir aulas de viola brasileira no curso de bacharelado dedicado a esse instrumento na Universidade de São Paulo. Chamou-lhe a atenção o desconhecimento a respeito de um instrumento tão popular no Brasil por aquela renomada instituição de ensino e pesquisa. Observou ainda que o ambiente acadêmico se encontra impregnado de jargões como "a grande música orquestral" ou de valores que hierarquizam os parâmetros sonoros como o das alturas, associado ao plano das melodias e harmonias, em prejuízo, por exemplo, da duração, parâmetro relativo aos ritmos. Valorizam-se as músicas dotadas de harmonias mais complexas, elaboradas, em oposição às que possuem harmonia e melodias mais simples. Ivan destaca que a música caipira, à qual o instrumento viola é indissociável, contém poucos acordes, mas possui imensa variedade rítmica. Talvez isso explique o fato dessa modalidade de música popular ter sido submetida a processos de exclusão e apagamento ao longo da sua história, não figurando nem mesmo entre as que foram classificadas como "músicas regionais".

Propostas recentes de adaptações curriculares dos cursos de música à realidade brasileira, abrindo espaços para diversidade de gêneros e estilos musicais excluídos dos cânones acadêmicos, são positivas, mas esbarram em inúmeras dificuldades. Dentre elas, a necessidade de sistematização do conhecimento tradicional e a conversão do saber oral para a forma escrita. Ivan enfatiza a premência de se dedicar ao estudo dos processos históricos de formação das diversas modalidades de cultura popular para evitar a abordagem descontextualizada das mesmas. Caso contrário, ficaríamos no plano da aparência desses eventos, com o foco em seus aspectos meramente formais, ignorando seus vínculos com as configurações socioculturais que as envolvem e lhe dão sentido. Tais procedimentos podem levar a um certo estranhamento em relação a essas práticas, identificadas muitas vezes como exóticas.

A permanência de Ivan em Portugal, entre 2018 e 2021, participando de um projeto de pesquisa na área de Etnomusicologia no Inet (Instituto de Etnomusicologia – Música e Dança), na Universidade de Aveiro, possibilitou o aprofundamento de seus estudos sobre a viola naquele país e o estabelecimento de um paralelo entre as modalidades portuguesa do instrumento e a brasileira. Neste ponto, Ivan toca numa questão crucial para se compreender a trajetória da viola nos dois países, ou seja, a ideia de tradição. As diferenças identificadas por ele tanto no aspecto anatômico da viola (ou organológico) como em relação às suas técnicas de execução e às configurações sociais que a envolvem nesses dois contextos, revelam sentidos distintos atribuídos à tradição. Entre as razões possíveis dessas diferenças, Ivan destaca os regimes políticos autoritários que marcaram historicamente esses países em meados do século xx: o salazarismo em Portugal e o getulismo no Brasil. Em ambos os casos, determinados aspectos das culturas populares foram, de certa forma, tutelados pela esfera política com a finalidade de produzir e fortalecer discursos nacionalistas como estratégia de legitimação dos governos.

O regime ditatorial de Salazar voltou a atenção para as manifestações culturais das comunidades rurais, apoiando, por exemplo, os ranchos folclóricos como expressão de uma suposta identidade nacional. A política cultural adotada pelo Estado Novo português levou à institucionalização e ao enrijecimento das práticas folclóricas que permaneceram inalteradas ao longo de décadas. Valorizaram-se as formas coreográficas das manifestações muito mais do que os sentidos e os significados das práticas para os segmentos sociais populares. Nesse contexto, instrumentos musicais que integram essas manifestações, especialmente a viola, mantêm as mesmas características anatômicas do passado e os mesmos modos de uso.

No Brasil, ao contrário, o governo se preocupou muito mais com a cultura popular urbana. O samba, apesar de inúmeros percalços, aos poucos foi sendo reconhecido entre nós como símbolo da brasilidade. Por outro lado, as expressões culturais do homem do campo foram lançadas à própria sorte, sofrendo os efeitos da política nacional--desenvolvimentista e do êxodo rural. Com o deslocamento de grandes contingentes populacionais do campo para a cidade, muitas práticas culturais tradicionais do mundo rural foram se adaptando e se reproduzindo por si mesmas no ambiente urbano. Mesmo passando por mudanças formais em função das novas condições de vida na urbe, o sentido das práticas, os valores e as crenças a elas correspondentes se perpetuaram, constituindo o que Florestan Fernandes definiu como "oásis semirrural" na cidade grande. Ao mesmo tempo, a moda de viola e diversos ritmos musicais associados à cultura do homem do campo, como o cateretê, o cururu e a toada, foram incorporados à indústria do disco e veiculados pelo rádio. Isso contribuiu para que a viola incorporasse inovações no plano anatômico bem como nas técnicas de execução e no repertório. Ivan destaca que a partir dos anos 1970, instrumentistas ligados a outros gêneros e estilos musicais como Renato Andrade, Teodoro Nogueira, Heraldo do Monte, Almir Sater, Tavinho Moura, entre outros, realizaram e registraram em discos seus trabalhos na viola, contribuindo para a expansão das possibilidades estéticas do instrumento. Tudo isso revela a flexibilidade da tradição entre nós, o que possibilitou atualizações e inovações formais dos eventos culturais e a revitalização da viola nas últimas décadas.

Ivan Vilela integra a geração de músicos instrumentistas que contribuiu para essas transformações. Ao se deparar com as limitações técnicas do instrumento em Portugal, bem como com o individualismo e a situação de isolamento dos violeiros em diversas regiões do país, empreendeu um conjunto de ações para mudar essa situação. Convenceu uma das fábricas de instrumentos a confeccionar uma viola braguesa com aspectos anatômicos da viola brasileira, o que resultou na produção de uma viola "Braguesa Acaipirada". O resultado positivo desse empreendimento motivou a empresa a estender essas inovações aos demais tipos de viola.

Para enfrentar as difíceis relações entre os tocadores de viola, marcadas por isolamento, competição e desconhecimento em relação aos trabalhos realizados pelos pares, Ivan propôs a criação de um fórum virtual com encontros semanais para a troca de experiências e informações entre eles a respeito de técnicas de execução do instrumento e mercado de trabalho. Foi proposta ainda a gravação de uma coletânea para a divulgação da viola portuguesa e a criação de pequenos grupos de músicos para apresentações ao vivo. Os resultados relevantes dessas ações foram descritos em detalhes principalmente no ensaio "Da Prática, a Teoria".

Em conferência proferida na Universidade de Aveiro, Portugal, durante o Encontro Internacional de Pós-Graduação em Música, em 2019, Ivan apresenta um conjunto de reflexões e críticas acerca da eficácia da metodologia do ensino da música que dá prioridade ao aprendizado através da leitura, método que elege a partitura como meio principal para o conhecimento da obra musical. A partitura como fonte exclusiva pode ter limitações, uma vez que expressa a percepção de quem realizou a notação. Essa orientação tende a desprezar a fonte primária da música que é o som. Desconsidera-se uma prática comum entre músicos populares que é o "tirar de ouvido", prática centrada na "escuta". Para Ivan, esse é o procedimento que estimula o ouvido na percepção musical. Boa parte da produção acadêmica sobre música descarta a fonte primária fundamental proporcionada pelo desenvolvimento da tecnologia a partir do início do século XX, que é o registro fonográfico.

Ivan reitera que a força e a diversidade da nossa música decorrem, em grande medida, da prevalência do saber oral na nossa formação sócio-histórica ao longo de séculos. O conhecimento baseado na escrita, produzido e disseminado por instituições acadêmicas, se fortaleceu a partir das primeiras décadas do século XX. Por consequência, as formas tradicionais de conhecimento autóctones vinculadas à oralidade foram relegadas à condição de inferioridade e suplantadas por modelos inspirados nas culturas europeias e norte-americana. Por exemplo, as matrizes curriculares do ensino de música clássica em conservatórios e faculdades foram formuladas a partir de referências do romantismo europeu do século XIX. No ensino de música popular, os parâmetros vêm da metodologia sistematizada por instituições norte-americanas com base no jazz.

Ivan questiona a compatibilidade dessas referências com as nossas tradições culturais e as razões pelas quais o nosso imenso manancial cultural/musical foi ignorado ou preterido na formulação dos currículos. Ele indaga as razões pelas quais não traduzimos esse manancial musical construído ao longo de séculos através da oralidade para o padrão escrito. Mesmo reconhecendo que essa prática pode levar a algum tipo de prejuízo, uma vez que ao ser transcrita a música circula de maneira mais integrada e menos "rizomática", ele ressalta que "todo saber quando é escrito ganha um poder maior de difusão".

Uma das características marcantes do trabalho de Ivan é a indissociabilidade entre a pesquisa acadêmica e atividade prática. Ao lado dos trabalhos de cunho etnomusicológico, sempre combinados com intervenções no campo do ensino da música, apresenta uma produção artística de grande relevância. No breve relato intitulado "A Técnica das Dez Cordas", Ivan descreve em detalhes suas experiências com o instrumento, que sugerem implicações de natureza estética especialmente em relação à materialidade do processo criativo.

Ivan nos conta que passou a se dedicar ao estudo da viola quando ainda frequentava o curso de graduação em música da Unicamp em fins da década de 1980 e início dos anos 1990. O convite que recebeu da saudosa professora Niza de Castro Tank para compor uma ópera caipira a partir de um libreto do poeta Jehovah Amaral o motivou a assumir a viola como seu instrumento principal. Tendo o violão como formação primeira, Ivan foi descobrindo potencialidades e, ao mesmo tempo, dificuldades que aquele instrumento lhe apresentava. Percebeu que a viola, ao contrário do violão, mostrava-se pouco adequada a harmonizações verticalizadas através do emprego sucessivo de acordes. O braço da viola parecia mais afeito ao modo de tocar horizontalizado e à construção de vozes que podiam ser harmonizadas de modo contrapontístico, além de propiciar a prática solista e a confecção de arranjos de conformação orquestral. O músico vislumbrava ainda novas possibilidades timbrísticas que o instrumento oferecia. Para explorar esse potencial, adotou um procedimento na mão direita que permitia pinçar cada uma das cordas em parelha de modo independente e individualizado. Assim, antevia a oportunidade de desenvolvimento de uma técnica específica para o instrumento e a exploração de um amplo campo de possibilidades sonoras. Porém, novas dificuldades surgiam para o desenvolvimento dessa técnica, dentre elas, a pequena distância entre as cordas em parelha. A solução primeira foi solicitar ao *luthier* que havia confeccionado o seu instrumento para que aumentasse em meio milímetro a distância entre as cordas. Em seguida, foi necessário o desenvolvimento de uma nova forma de tocar, que envolvia um cuidadoso trabalho de equalização da intensidade sonora das notas através do controle da força, da alavanca dos dedos e da velocidade do ataque às cordas. Mas o desenvolvimento dessas habilidades demandou um grande esforço de adaptação corporal do músico, muitas vezes doloroso, que o obrigou a recorrer a tratamento fisioterapêutico. O resultado foi a definição de um estilo pessoal que o faz reconhecido no meio artístico e perante o público como exímio instrumentista dedicado à viola brasileira.

Esse relato expõe dilemas, dificuldades e expectativas do artista perante as condições materiais da sua arte no processo de criação. Para o filósofo italiano Luigi Pareyson, a criação artística é produção de forma, processo que se dá a partir da relação do artista com a matéria que se impõe a ele como resistência, obstáculo e, ao mesmo tempo, como ponto de partida e possibilidade de ação formativa. Além de perspectivas e potencialidades apontadas pelo mundo físico, a ação formante segue sugestões de toda uma tradição cultural. Esse parece ser o caminho trilhado por Ivan na sua relação com a viola. Um caminho de dificuldades, mas também de promessa. Caminho marcado por uma ação obstinada e orientada pelo pressentimento da forma.

ENSAIOS

VIOLA: UMA HISTÓRIA SONORA DO POVO

*Dedicado às pesquisadoras Juliana Gonzalez
e Márcia Taborda.*

Troque as Lentes, por Favor

O rigor de alguns pesquisadores ao estudarem aspectos das culturas populares somente a partir de fontes escritas pode levar a equívocos, como refutado por Bakhtin[1] ao negar que as culturas populares fossem provenientes das culturas eruditas. É certo que há, hoje, constante circularidade entre elas, mas parece-nos que esses supostos enganos têm servido mais para sustentar uma pretensa superioridade e autenticidade de uma cultura, enquanto representativa de certos estratos sociais, sobre a outra. Ao nosso ver, no ensino, isso passa a configurar uma falácia que, repetida inúmeras vezes, acaba por pretender tornar-se uma verdade.

Assim, alguns pesquisadores da academia ainda atribuem as origens das folias de Reis no Brasil aos *villancicos*

---

1. Mikhail Bakhtin, *A Cultura Popular na Idade Média e no Renascimento: o Contexto de François Rabelais.*

ibéricos[2], conforme as fontes escritas a que tiveram acesso e por não terem percebido, em função somente da formação erudita que tiveram, distante das ruas, que muito do mundo existente não se lê, nem consta em livros[3]. Aliás, a leitura das culturas populares e de seus aspectos ligados às essências culturais do povo configura-se hoje como um dos grandes problemas do estudo destas culturas no mundo acadêmico por, sistematicamente, ser tomada como ponto de partida a abordagem de uma perspectiva erudita (baseada estritamente nas fontes escritas). Isso acaba por gerar um olhar enviesado e pouco condizente com o real que mais faz diminuir e subordinar o objeto de estudo que propriamente olhá-lo sem distorções, como se fosse sempre uma corruptela de alguma forma erudita pregressa.

2. *Villancico* é definido de três maneiras no dicionário da verdadeira academia da língua espanhola: como uma curta canção popular que muitas vezes serviu como um refrão; um certo gênero de composição poética com refrão; e como uma canção popular, principalmente de assunto religioso, cantada no Natal e noutras festividades. Ou, ainda, de forma mais ampliada: "El villancico es uma forma musical y poética em castellano y portugués tradicional de España, muy popular entre los siglos XV y XVIII. Los villancicos eran originariamente canciones profanas con estribillo, de origen popular y a varias voces. Posteriormente comenzaron a cantarse en las iglesias y a asociarse específicamente con la Navidad. Compositores notables de villancicos fueron, entre otros, Juan del Encina, Pedro de Escobar, Francisco Guerrero, Gaspar Fernandes, Juan Gutiérrez de Padilla y Roque Jacinto de Chavarría" (texto retirado da Wikipedia).

3. Pesquisadores da primeira metade do século XX como Luís Chaves, que narra a presença das janeiras desde o século XIII, e até pesquisadores contemporâneos como Carlos Rodrigues Brandão, Jadir de Moraes Pessoa e Madeleine Felix, nada apontam sobre as origens das folias (em Portugal, janeiras) terem sido uma corruptela de alguma forma clássica que deixou registros escritos. Aliás, é esse um ponto crucial que precisa ser urgentemente revisto na musicologia clássica, que, ao olhar para a cultura popular, a vê a partir de uma lente sua, erudita. Como dizia Teilhard de Chardin: "O olho que vê o mundo é o mundo que o olho vê". Esta frase sempre me foi citada pelo amigo e antropólogo Carlos Rodrigues Brandão, com quem trabalhei dez anos pesquisando festas de camponeses. Brandão era um estudioso da obra de Teillard de Chardin.

E como faremos, então, para estudar a história social e musical de povos que não tiveram na escrita, mas sim na música, na tradição oral/aural/visual, a maneira de documentar suas práticas numa época em que ainda não havia gravações nem pessoas disponíveis para o registro escrito?[4]

A história de um instrumento tão antigo e popular como a viola ficou cheia de lacunas, o que fez os musicólogos provenientes do campo da música erudita só documentarem o seu uso a partir dos registros escritos ou das partituras atribuídas a Domingos Caldas Barbosa, nas quais foram grafadas modinhas e lundus em fins do século XVIII, ou, ainda, pelo método deixado para a viola toeira, em Coimbra, por Manoel da Paixão Ribeiro, em 1789[5], do qual falaremos com mais pertinência adiante.

Para a Rua, a Rua. Para a Casa, a Casa

Neste mesmo bordão, atribuem-se à modinha e ao lundu as raízes da música popular brasileira. Como poderia ser possível num país multicultural haver apenas um ou dois tipos/gêneros de música que dessem origem a toda essa imensa diversidade rítmico-musical existente hoje no Brasil? Não seria essa mais uma forma do olhar etnocêntrico que parece ter virado uma ferramenta constante na afirmação da superioridade cultural de um povo, de uma classe ou de uma região sobre as outras?

A professora e pesquisadora Martha Ulhôa, em seu artigo "Inventando Moda: A Construção da Música Brasileira", mostra que o período em que se registrou o lundu e a modinha como

4. A presença física em um evento de cultura é sempre maior que o simples registro em áudio ou em vídeo, pois há também o cheiro, o calor dos movimentos e a espacialidade na distribuição dos sons. Numa documentação, os cinco sentidos deveriam poder ser representados para termos, então, a real sensação do que foi o acontecido.

5. Manoel da Paixão Ribeiro, *Nova Arte de Viola*.

as principais raízes da música brasileira se deu logo após a independência do Brasil do jugo de Portugal, período em que geógrafos e historiadores ligados ao IHGB (Instituto Histórico e Geográfico Brasileiro) escreveram largamente sobre essas matrizes como as geradoras da música brasileira, com o intuito de criarem uma representação identitária que desvinculasse a cultura brasileira da portuguesa, só que, no caso, a partir de visões sobre referenciais artístico-culturais produzidos por uma elite brasileira absolutamente europeizada[6]. Isso em meados dos anos 1800. Vale lembrar que o Brasil se tornou império em 1822.

Martha Ulhôa nos mostra que no final do século XIX, época do surgimento do choro, deixa-se de constar em diversos registros escritos as modinhas e os lundus e passam a ser nomeados os ritmos/músicas presentes como polcas, mazurcas, *schottischs* ou valsas.

Se observarmos como os musicólogos brasileiros da primeira e da segunda metade do século XX, como Mário de Andrade, Bruno Kieffer, Renato Almeida, Mozart de Araújo e Vasco Mariz, escreveram sobre as origens da música popular, surge-nos a possibilidade de que eles aderiram ingenuamente à ideia de que a modinha e o lundu foram as reais e únicas bases da música popular brasileira urbana. Perguntamo-nos se isso pode ter ocorrido pelo fato de eles, pessoas formadas por uma cultura erudita, terem se baseado estritamente em referenciais escritos[7] para escreverem seus estudos. E, aqui, surge-nos outra indagação: qual foi o nível de envolvimento e convivência desses musicólogos com o universo popular que os cercava durante a infância e juventude a

6. Aqui, vale o conceito francês de civilização, na visão de Norbert Elias, mais como um acúmulo de bens e conquistas de "civilidade" que como um conjunto de valores culturais inerentes a um povo.

7. Vale lembrar que foi apenas sete anos antes de sua morte que Mário de Andrade fez uma viagem de pesquisa por alguns locais do Brasil.

ponto de não perceberem que haviam outras matrizes musicais sendo tocadas no cotidiano de cidades como o Rio de Janeiro, onde atestam terem surgido o lundu e a modinha? Fica notável que essa distinção e também distanciamento entre nobreza e plebe, rico e pobre, superior e inferior nos foram legados pela Europa, haja vista o caráter de vida coletiva dos povos indígenas e africanos, quase sempre ausente nas classes mais abastadas. Parece-nos também que o lundu, de origem marcadamente popular, pudesse compor ao lado da modinha, apresentada como uma música de origem cortesã, um mito de formação de uma cultura brasileira agora desvinculada de Portugal, na qual povo e elite, juntos, compusessem esse substrato.

E esse engano ainda perdura por ser perpetuado pelos críticos de música popular contemporâneos e pelo ensino nas escolas de música, o que satisfaz o gosto dos eruditos por conseguir (ou pretender) vislumbrar nossas raízes musicais por intermédio de fontes escritas e, por serem escritas, cultas e, obviamente, de domínio deles.

Evidencia-se, aqui, uma tentativa de apagamento cultural, pois Tinhorão já observa em sua *História Social da Música Brasileira* que, desde meados do século XIX, há o início da profissionalização dos músicos barbeiros ao serem convocados para animar as festas religiosas e as dos salões de figurões da elite carioca.

Há algumas lacunas a serem preenchidas: esses músicos negros que animavam essas referidas festas tocavam apenas modinhas e lundus? Qual seria o repertório que traziam escrito em partituras quando deixaram de ser músicos escravizados nas orquestras de fazendas na Bahia e no Rio de Janeiro?

Se a pesquisadora Martha Ulhôa aponta que na virada do século XIX para o XX as músicas em voga não eram propriamente a modinha e o lundu, questiona-se se já não estariam *schottisches*, valsas, marchas, polcas e outros gêneros musicais sendo toca-

HISTÓRIA E CULTURA NO SOM DA VIOLA

dos como acompanhamento de danças que já haviam migrado da Europa para o Brasil, chegando, primeiramente, nos salões da elite e, depois, no seio do povo, que muitas vezes as incorporaram em suas práticas culturais[8]. Esses repertórios de músicas e gêneros já vinham sendo tocados pelas bandas urbanas[9] no final do Oitocentos, cujos membros eram oriundos ou formados por músicos das orquestras de sopro das fazendas. Vale lembrarmos aqui que a polca, um desses gêneros, se configurou como uma das principais matrizes do choro.

Por que, então, os doutos membros do IHGB não reputaram também a esses gêneros as possíveis raízes da música brasileira? E o que dizer das festas do povo, pois sabemos que nossa cultura popular já vinha se configurando como a conhecemos nos séculos XVIII e XIX. O provável, a julgar pela atitude da elite erudita até hoje[10], seria o desconhecimento ou o apagamento como uma opção de afirmação da sua própria cultura.

Até hoje, não só desconhecem, como também ignoram a veracidade presente nas músicas oriundas das classes populares, como, por exemplo, o *funk* carioca, que, aliás, tem sua base rítmica fundamentada no maculelê[11]. O *funk* é repudiado por suas letras "pesadas". Ora, os funkeiros nada mais fazem que narrar

---

8. Aqui, havemos de pensar que o mercado musical brasileiro é feito por muitas camadas, estratos musicais de trabalho, valores e permanência e que os estratos mais altos desconhecem os estratos de baixo a ponto de não saberem de sua existência, mas valsas, mazurcas, polcas são ainda ritmos e danças presentes pelos interiores do Brasil e em obras de compositores diversos.

9. Desde a Banda do Corpo de Bombeiros do Rio de Janeiro a um sem-fim de "bandas de coreto" espalhadas por todo o país, chamadas muitas vezes de liras. Essas liras foram uma das principais bases de formação musical no Brasil durante quase todo o século XX, sobretudo por estarem presentes em todos os lugares.

10. Me refiro a esta porque há também hoje uma elite grosseira, inculta e despreparada formada por novos-ricos.

11. Maculelê é uma dança popular (folclórica) brasileira.

com cortante veracidade o cotidiano oprimido das populações negras e economicamente subalternas num país onde o racismo cada vez mais mostra as suas garras e acentua suas distinções. E por isso sua música é tratada como algo grosseiro e sem modos. Pergunto aqui se a miséria, o preconceito, a falta de acesso às benesses que deveriam estar disponíveis a todos e a violência, desde a infância, seriam capazes de criar "bons modos".

Aqui a música popular cumpre a sua função essencial de ser a cronista dos povos que não tiveram outra maneira de registrar a sua história a partir da sua própria perspectiva.

O leitor pergunta o que tudo isso tem a ver com a viola? Respondo que tudo, pois a viola, como instrumento protagonista de ações ligadas ao povo, esteve também sujeita às fricções, apagamentos e disputas sofridas por essa mesma população subalterna ao longo de toda a sua história, tanto em Portugal como no Brasil.

Usos e Desusos de Utensílios, Costumes e Instrumentos

Já há muitos estudos sobre a viola e sua origem[12], mas em nenhum momento pensou-se que esse instrumento manteve, além das cinco ordens de cordas, uma outra característica comum ao longo de sua existência, que foi a de sempre ter estado ligada às mãos de pessoas humildes, desde sua origem em Portugal até sua vinda e permanência no Brasil, ao longo de cinco séculos.

Em *O Processo Civilizador*, Elias mostra como modismos e etiquetas foram sendo criados para demarcar diferenciações entre classes e estratos sociais na Europa ao longo dos

12. Conferir em Manuel de Moraes, "A Viola de Mão em Portugal"; Ernesto Veiga Oliveira, *Instrumentos Musicais Populares em Portugal*; Elizabeth Travassos, "O Destino dos Artefatos Musicais..." e Ivan Vilela, "O Capira e a Viola Brasileira".

tempos. A constante semovência de utensílios e hábitos da aristocracia como artifício para se diferenciar da burguesia – e desta classe para se manter distante dos hábitos do povo – foram uma constante, pois, na medida em que um grupo ou classe ascendia economicamente e passava a ter acesso a bens culturais que outrora eram usufruídos apenas pela classe em estado de superioridade socioeconômica, esta, que se julgava superior, mudava seus hábitos e códigos no intuito de criar diferenciações, fazendo da constante inovação de costumes e procedimentos uma marca simbólica de superioridade.

É certo que, com o avanço das técnicas, a maneira de se viver foi também mudando, mas essas supostas inovações tecnológicas estiveram mais ao alcance das classes que a podiam adquirir e delas usufruir que propriamente de todas as pessoas de todas as classes socioeconômicas.

A moda, os costumes e os utensílios transitaram, em grande parte, de maneira fugaz no cotidiano das elites, sejam elas a aristocracia ou a burguesia europeia. Enquanto no meio do povo pobre a própria carência do acesso aos bens materiais acabava servindo como sustentação na permanência do uso de artefatos e costumes, ou seja, na medida em que algo como um costume ou um utensílio demonstrava-se eficaz no cotidiano e na vida simbólica dessas pessoas, passava a ser celebrado e ter o seu uso incorporado às práticas cotidianas dessas comunidades, obtendo, assim, um estado de permanência de seu uso.

Constatado pelo tempo e pela minha observação das práticas relacionadas às culturas populares, evidencia-se maior permanência de valores, costumes e usos no meio dessas classes que viviam num estado de carência de coisas. Imutabilidade seria uma palavra inadequada, mas talvez uma semovência em velocidade temporal muito mais lenta que nos outros estratos sociais abastados, o que vem chamando a atenção de estudiosos desde a primeira metade do século xx, como Ecléa Bosi, E.P. Thompson, Raymond Williams, Alfredo Bosi, Oswaldo Elias Xidieh e José de Souza Martins[13]. Temos, dessa forma, nos estratos mais humildes da população, uma permanência temporal maior de danças, músicas e alguns instrumentos, como, no caso que agora nos interessa, a viola.

Finalmente, a Viola

A viola, que tantos nomes recebe no Brasil, é um instrumento de origem portuguesa. Os primeiros relatos datam do século xv e xvi[14] e a viola teve, segundo essas anotações, um uso marcadamente popular, como mostra este registro de Veiga Oliveira e os outros que se seguem adiante:

Em Portugal, já no século xv, e sobretudo a partir do século xvi, o instrumento, sob a designação corrente de viola, encontra-se largamente difundido pelo povo, pelo menos nas zonas ocidentais. Sem falar nas violas trovadorescas, referimo-nos já à representação apresentada pelos procuradores de Ponte de Lima às cortes de Lisboa de 1459 ao rei D. Afonso v, em que se alude os males que por causa das violas se sentem por todo o reino; e são inúmeras as menções que a ela faz Gil

13. Em alguns de seus livros, esses pesquisadores relatam, direta ou indiretamente, aspectos ligados não só à dicotomia entre campo e cidade, mas também às fricções e resultados gerados entre essas culturas e perspectivas de vida, na medida em que as realidades sociais promoviam seus encontros e consequentes conflitos.

14. No Brasil, os primeiros relatos sobre viola datam, no Sudeste, de 1613, em inventários (conferir em Ernani da Silva Bruno, *Equipamentos, Usos e Costumes da Casa Brasileira*, p. 104), e, no Nordeste, de 1580: "A mais antiga referência expressa a versos cantados pelo personagem de uma comédia encenada em 1580 ou 1581 na matriz de Olinda, por ocasião da festa do Santíssimo Sacramento, aparece nas Denunciações de Pernambuco, de 1593, confirmando, desde logo, a ligação da viola com a canção citadina" (José Ramos Tinhorão, *História Social da Música Popular Brasileira*, p. 39).

HISTÓRIA E CULTURA NO SOM DA VIOLA

Vicente como instrumento de escudeiros. Phillipe de Caverel, no relato da sua embaixada a Lisboa em 1582, menciona as dez mil *guitares* – que parecem, sem dúvida, ser violas – que constavam ter acompanhado os portugueses na sua jornada de Alcácer-Quibir e que teriam sido encontradas nos despojos do campo de D. Sebastião. O número é certamente exagerado, mas mostra claramente que, como diz o cronista, "les portugais sont très amateurs de leurs guitares" – ou seja, violas[15].

Com mais detalhes à representação acima citada, pelos procuradores de Ponte de Lima às cortes de Lisboa e ao rei D. Afonso V, são mostrados os

[...] "males que por causa da viola" se sentiam por todo o país pelas gentes que dela se serviam para, tocando e cantando, mais facilmente escalarem as casas e roubarem os homens de suas fazendas, e dormirem com as suas mulheres, filhas ou criadas, que "como ouvem tanger a viola, vão lhes desfechar as portas"; e temos disto um exemplo vivo na carta de D. Afonso V, de julho de 1455, em que é concedido um perdão a Henrique Frois, criado de João Vaz de Almada, por um desaguisado havido com as autoridades, em Évora, "uma hora depois das onze, com outros tocando viola"; Gil Vicente, no século XVI, no *Juiz da Beira*, na *Comédia de Rubena*, na *Nau de Amores*, na *Farsa de Inês Pereira*, em *Quem Tem Farelos* etc., faz igualmente da viola, sempre, o instrumento ligeiro para solaz ou galanterias de escudeiros[16]; assim, por exemplo, em *Quem Tem Farelos*, Aires Rosado, herdeiro degenerado dos trovadores de antanho, tange a viola a acompanhar as trovas que canta à sua dama, com voz requebrada. [...] na *Peregrinação*, de Fernão Mendes Pinto (cap. CXVI), aparece um Gaspar de Meirelez, que "era músico, e tangia numa viola, e cantava muito arrezoadamente [*sic*]" [...] D. Francisco Manuel de Melo (na referida passagem da *Visita das Fontes*) pinta a guitarra como atributo de "farsolas, metediços e amigos dos diabos"

15. Ernesto Veiga Oliveira, *Instrumentos Musicais Populares Portugueses*, p. 155.
16. Entendamos, aqui, que escudeiros são soldados, militares sem nenhuma ou de baixa patente que sonhavam ascender na carreira militar.

[...] embora reconhecendo noutro passo que tocar esse instrumento "é prenda que distingue quem o faça"[17].

Podemos notar, aqui, um misto de repulsa e admiração na visão dos aristocratas e magistrados em relação aos tocadores de viola que eram marcadamente pessoas do povo. O próprio Gil Vicente já se referira à viola como instrumento de escudeiros. A repulsa, em parte, me parece por ter sido a viola um instrumento tão acolhido e de domínio de todos os tipos de pessoas e não ter se tornado um instrumento distintivo apenas de uma classe nobre, sendo mais provável que a aristocracia portuguesa preferisse o alaúde ou a *vihuela*, que, com seu uso, se identificava mais com as aristocracias inglesa e espanhola, respectivamente. Retomaremos adiante este fato.

Além disso, mesmo com essa pecha de despeito, era impossível não reconhecer o poder exercido por quem a tocasse, suscitando espanto, admiração e até uma certa inveja. Contra essa inveja, no Brasil, os violeiros[18] desenvolveram artifícios e ferramentas de proteção, como guizos de cascavel guardados no bojo do instrumento, fitas coloridas bentas, rezas de proteção e de se fechar o corpo.

Tinhorão, em pesquisas sobre arquivos portugueses, aponta o desprestígio da viola sendo tratada como um reles instrumento do povo:

[...] em 1650, D. Francisco Manuel de Melo já podia acusar a perda de prestígio do instrumento junto às pessoas de melhor qualificação da cidade, tão baixo descera o seu uso na escala social. Em seu tratado de moral doméstica, intitulado *Carta de Guia de Casados*, ao criticar a novidade do uso, pelas mulheres, de certas capinhas que não julgava decentes, escrevia o moralista: "E já é tão vulgar o uso das capinhas, que

17. Ernesto Veiga Oliveira, *Instrumentos Musicais Populares Portugueses*, pp. 161-162.
18. Violeiro no Brasil é quem toca a viola, e em Portugal, quem a fabrica.

HISTÓRIA E CULTURA NO SOM DA VIOLA

isso mesmo pudera ser o meu desprezo; podendo-se com mais razão dizer pelas tais capinhas o que dizia um pechoso pelas violas, que, sendo excelente instrumento, bastava-nos saberem tanger negros e patifes para que nenhum homem honrado a puzesse [sic] nos peitos"[19].

Ao mesmo tempo, o apreço tido pela viola junto ao povo a mantinha presente nas festas populares ligadas ao catolicismo canônico em Portugal. Como vimos nas narrativas recolhidas por Ernesto Veiga Oliveira, nos fica evidente a forte ligação da viola com o povo lusitano e o prestígio que ela impetrava a quem a tocasse, além da capacidade que tinha o instrumento de aglutinar pessoas à sua volta, fato que motivou a Igreja a liberar os tocadores do pagamento de dízimos nas festas religiosas:

Numa carta régia dada por D. Afonso V, em Lisboa, em 1442, aos procuradores de Santarém, isentam-se do pagamento de dízimos aqueles que trouxerem harpas, alaúdes[20] e guitarras, desde que sejam para uso próprio e não para venda; e Mário de Sampayo Ribeiro admite que se trate dos mesmos instrumentos a que aludem os procuradores da Câmara de Ponte de Lima na sua exposição às cortes de Lisboa de 1459, aos quais, porém, chamam *violas*[21].

Ou ainda, em relação aos fabricantes de violas que Veiga Oliveira descreve por duas páginas, sobre as inúmeras corporações (regimentos de violeiros) que foram sendo criadas entre os séculos XVI e XVII e da obrigatoriedade de acompanharem os festejos religiosos:

19. José Ramos Tinhorão, *Domingos Caldas Barbosa*, p. 26.
20. Neste texto, podemos notar, talvez, mais um indicativo do distanciamento que a nobreza mantinha da viola e da proximidade que se pretendia ter com o alaúde, instrumento representativo da nobreza inglesa, sobretudo por não haver registros de alaúdes sendo tocados no meio do povo em Portugal.
21. Ernesto Veiga Oliveira, *Instrumentos Musicais Populares Portugueses*, p. 136.

Aí os violeiros eram, já em 1632, obrigados a acompanhar as processões que se organizavam na viola, e, em especial, o Corpo de Deus, sob pena de multa (embora não saibamos se apresentavam *Imperador* e se tinham dança própria, como acontecia com os demais ofícios)[22].

A popularidade do instrumento é ainda reforçada pelos registros sobre fabricantes de viola em Portugal desde 1424 e na estruturação de um regimento dos violeiros (fabricantes). Segundo o autor, a "indústria da violaria documenta-se também desde muito cedo entre nós, sobretudo em tempos mais antigos em Lisboa. Já no século XV, encontramos várias menções – em 1442, 1449, 1461, 1479 e 1499 [...]"[23]. É claro que só se fabricariam instrumentos se houvesse pessoas para comprá-los e tocá-los, bem como, por haver tantos fabricantes, podemos imaginar que a viola já vinha sendo tocada há algumas décadas, a ponto de se tornar um instrumento muito popular.

Por fim, num documento apresentado à Corte, em Lisboa, no ano 1459, fica cada vez mais confirmada essa ligação da viola junto às pessoas mais humildes do reino:

> Ajuntam-se dez homens E leuom huma violla E tres e quatro estam tamgendo E camtando E os outros Entom escallam as cassas E Roubam os homens de Silas fazemdas, E [...] Em virtude deste desacato, mandou elrei que [...] das nove horas da noute ate manhaa chãa sol saydo fosse achado com viola ou outro instrumento de tanger pela cidade, vila ou logar, fosse preso e perdesse a viola e as armas e vestidos que trouxesse [...]"[24].

Inicialmente nominada como viola de mão, o instrumento foi ganhando, em Portugal, uma variante em cada região. No Norte, viola braguesa, no Nordeste, viola amarantina, nas Beiras,

---

22. *Idem*, p. 163.
23. *Idem*, p. 162.
24. Fortunato de Almeida, *apud* Manuel Morais, "A Viola de Mão em Portugal", *Nassarre, Revista Aragonesa de Musicologia*, p. 397.

viola beiroa, na região de Coimbra, viola toeira, no Alentejo, viola campaniça, nos Açores, viola da terra e na Madeira, viola de arame. Cada qual com suas particularidades quanto à afinação, à estrutura de sua construção e ao número de cordas, que às vezes varia – porém sempre mantendo as cinco ordens de cordas que podem ser simples, duplas ou triplas.

No Brasil, essa viola recebeu nomes diversos, atestando: sua localização, como viola nordestina; sua função, como viola de fandango; ou seu pertencimento, como viola caipira. Notemos que todas essas denominações são marcadamente populares.

Indo ao Assunto

O presente ensaio pretende mostrar a forte ligação que esse instrumento teve junto às populações mais humildes desde as suas origens em Portugal até os dias de hoje no Brasil, embora aqui a viola tenha permanentemente mantido a sua vitalidade ao longo dos séculos e em Portugal, só agora no século XXI comece a retomar seu uso de maneira mais cotidiana, coletiva e menos sazonal.

Diferentemente da *vihuela*, sua parenta espanhola, a viola pouco ou quase nada frequentou a corte no período da Renascença ou do Barroco. Isso se evidencia pela falta de relatos de sua permanência nesses ambientes e também de fontes escritas, de partituras, visto que o domínio da escrita musical nesse período estava circunscrito às pessoas ligadas aos estratos sociais mais abastados da aristocracia ou seus orbitantes, que eram as pessoas que tinham acesso a esse tipo de formação e informação cultural.

Notemos que a produção espanhola para *vihuela* foi registrada por compositores como Narvaes, Milan, Sanz, Mudarra, dentre outros. Tal literatura perdura até os dias de hoje em salas de aula e em concertos. Veiga Oliveira, apontando uma contraposição, reforça essa percepção ao dizer que "[...] a *vihuela*, por sua vez, é um instrumento palaciano e da música erudita, que gerou uma brilhante literatura musical da maior importância para o desenvolvimento da música europeia e que floresce entre 1535 e 1578"[25].

Manuel Morais confirma a ideia da viola como instrumento do povo ao dizer que era, "no século XVI, instrumento espalhado por todo o país, mas tocado de forma erudita num círculo bastante restrito ligado à corte portuguesa ou à alguma casa senhorial"[26].

Os primeiros registros de algumas partituras que se têm da viola datam do século XVIII, no método de Manoel da Paixão Ribeiro e nas modinhas encontradas por Gerard Béhague, na Biblioteca da Ajuda, cujas composições são atribuídas a Domingos Caldas Barbosa, clérigo baiano ligado ao Arcadismo.

Aqui, voltamos à questão levantada por Norbert Elias, em *O Processo Civilizador*. O método de Manoel da Paixão Ribeiro foi feito para a viola toeira. A viola toeira foi o único modelo de viola portuguesa que, em um curto período de tempo – da segunda metade do século XVIII ao século XIX –, foi tocada por pessoas da aristocracia e das classes mais abastadas a ponto de merecer um método de estudos[27]. E essa ideia é reforçada pelo próprio padrão de construção dessa viola, toda feita com ornamentos e inserções com madrepérolas e abalones distribuídos pelos desenhos ao longo do tampo, braço e mão, além de ter cordas triplas nos dois bordões, o que, em alguma dimensão, demonstra a intenção de se ampliar o campo sonoro do instrumento.

Com o passar do tempo, o uso da viola toeira foi se tornando menos habitual e sua presença social foi se esgarçando, o que

25. Ernesto Veiga Oliveira, *Instrumentos Musicais Populares Portugueses*, p. 153.
26. Manuel Morais, "A Viola de Mão em Portugal", *Nassarre, Revista Aragonesa de Musicologia*, p. 397.
27. Manoel da Paixão Ribeiro, *Nova Arte de Viola*.

a fez entrar em um estado de relativo esquecimento e desuso, como diversos outros hábitos[28] e utensílios da aristocracia e da burguesia portuguesa. Provável que tenha deixado de ser habitual e tenha sido atirada à avalanche que transformava, e descartava permanentemente, os costumes burgueses e aristocratas de cada época, o que pode ter resultado na cessão de seu espaço de uso em lazer para a guitarra francesa (violão) e para a guitarra de fado (guitarra portuguesa).

Sua prática pouco se sustentou até a metade do século XIX, diminuindo não só em número de tocadores como também de fabricantes. Pude comprovar esse fato nos três anos que passei em Portugal pesquisando os trânsitos e as relações sociais motivadas pelas violas ao longo do Atlântico lusófono por intermédio do Projeto AtlaS – Atlântico Sensível[29], e pude constatar que a viola toeira tem hoje um número restrito de tocadores e que sua prática coletiva é quase inexistente.

Todas as outras violas, como a campaniça, a braguesa, a beiroa, a de arame, a da terra e a amarantina, se encontram agora em um intenso processo de revitalização, que conta, inclusive,

---

28. Modismos de época.

29. O Projeto AtlaS – Atlântico Sensível foi idealizado pelos professores Jorge de Castro Ribeiro e Susana Sardo, ambos do INET-md (Instituto de Etnomusicologia – Música e Dança) da Universidade de Aveiro. Os professores assumiram a direção e codireção do projeto, respectivamente. Em 2018, fui convidado para ser o pesquisador que faria o projeto andar, o que motivou a minha mudança para Portugal, onde permaneci até 2021. A documentação se deu por meio de registros audiovideográficos e participações em encontros diversos envolvendo os cordofones portugueses. Músicos, construtores e produtores musicais, além de pesquisadores, foram abordados, em entrevistas, em toda a área do Atlântico lusófono. O principal intuito era perceber a fundo não só os trânsitos e as práticas relacionadas aos referidos instrumentos, mas, sobretudo, as relações sociais que surgiram por intermédio dessas práticas ligadas às violas e cavaquinhos, ambos instrumentos de origem portuguesa. Outras ações estão detalhadas no relato "Da Prática, a Teoria", presente neste livro.

com a sua inserção nos currículos escolares[30]. Já a viola toeira vem entrando num estado de esquecimento e as parcas tentativas de revitalizá-la têm sido feitas pela via erudita, a partir de músicos que nada conhecem do instrumento por nunca tê-lo tocado antes e agora tentam basear o seu ensino-aprendizado em teorias como a do violão clássico, bem como levantar a sua história por este viés.

Em nenhum momento, nas entrevistas ou palestras sobre a viola toeira que presenciei durante a minha permanência em Portugal, alguma alusão foi feita ao seu uso popular, mas, ao contrário, sempre ao seu uso erudito. E pela prática pessoal e de pesquisa que pude desenvolver a partir da observação desses processos de revitalização de instrumentos no Brasil e em Portugal, percebi que a viola toeira tenderá a ser musealizada ou ser tocada por um número restrito de tocadores, encontrando-se, agora, muito distante do movimento de revitalização que envolve todas as outras violas em Portugal. A não ser que surja uma iniciativa política, normalmente estatal, de incremento à sua prática em escolas, de maneira que consiga envolver crianças e jovens, o que até o presente momento nos aparenta ser uma possibilidade muito remota[31].

30. A viola da terra, nos Açores, desde o início dos anos 1980, foi introduzida no ensino conservatorial com a docência do Sr. Miguel Braga Pimentel. Na Madeira, a viola, o rajão e o braguinha (cavaquinho) fazem parte do currículo escolar do ensino fundamental e médio, bem como outros instrumentos como o violão e o bandolim. Em Braga, no continente, desde 2019, começou um processo de inserção do cavaquinho no ensino público fundamental, mas ainda de maneira pontual e experimental. Em Amarante, há projetos de inclusão da viola nos cursos técnicos de formação do ensino médio junto aos já existentes instrumentos presentes na música clássica.

31. Em 2003, a partir da iniciativa da Câmara de Castro Verde, no Alentejo, foi dado início ao processo de revitalização da viola campaniça. Devido ao sucesso dessa atitude, a ideia repercutiu, quase duas décadas depois, em outras regiões de Portugal, que agora começam a revitalizar as suas violas a partir de associações e encontros regionais e nacionais.

Algo interessante que observei, que atesta, num passado, o uso da viola toeira pela elite, é que, curiosamente, até hoje os tocadores dessa viola portam-se com um certo ar de superioridade diante dos tocadores das outras violas. Percebi esse fato no fórum que criei visando agregar e levar os violeiros portugueses a conhecerem uns aos outros, pois havia ainda lá uma prática antiga baseada na disputa que se manifesta numa efetiva falta de contato e de trocas musicais entre os tocadores por todo o país[32]. Com o passar de dois anos e meio da criação do fórum, começa a se transfigurar para uma política da fartura e não da escassez. Agora todos comemoram o sucesso dos outros e percebem que, de mãos dadas, podem ir muito mais longe.

Retenção de Conhecimentos

O mundo da magia, permeado de ritos e crenças, foi fundamental na construção das sociedades humanas. Independentemente da maneira como cada povo ou civilização a reconhece em seu cotidiano, como nos mostra Levis Strauss em *O Pensamento Selvagem* (1970), ou mesmo Horace Miner em *Ritos Corporais Entre os Nacirema* (1936), a magia é fundamental na construção da vida de cada pessoa, de cada grupo e de cada mundo.

O próprio catolicismo que transformou, à força, as percepções mágicas de cada povo que historicamente conseguiu dominar e aculturar mantém as suas próprias convicções, como acreditar que o batismo livrará a alma do limbo, que uma água é benta, que acender uma vela a um santo ou entidade pode trazer

---

32. Há um relato sobre a criação desse fórum em uma comunicação que apresentei no Encontro da Sociedade Iberoamericana de Etnomusicologia (Sibe), em 2021, sob o título "A Ação Prática como Ferramenta de Mudança no Trabalho Etnomusicológico", presente neste livro como "Da Prática, a Teoria".

resultados esperados, que o benzimento de um padre pode curar ou afastar os maus espíritos personificados pelo demônio ou pelas suas forças.

Pensando em Brasil, havemos de convir que, mesmo com uma história construída na base de apagamentos das culturas que não foram as dos colonizadores, não há como negarmos que, apesar da nossa estampa europeia manifesta nas nossas vestimentas e na estruturação de nossas instituições, em verdade, o que pulsa dentro de nós são milhares de vozes indígenas e africanas que, ao serem caladas, agem de maneira subjetiva no que Guimarães Rosa chamou, em sua entrevista a Günter Lorenz, de um "sentir-pensar", como um indicativo do que entendia por brasilidade enquanto uma característica de pertencimento comum[33].

Seguindo essa ideia, podemos pensar numa dimensão de "autorreferenciamento" como uma habilidade que o povo sem acesso a uma instrução vinda pelo letramento tem de, ao absorver algo de fora, deglutir e ressignificar o que lhe chega a partir de seus próprios parâmetros e valores de vida e, de pronto, manifestar externamente como algo diferente. A música popular brasileira é um claro exemplo disso. No ensaio "A Cultura Como Boi de Guia", ressalto uma observação de Debret de que músicos negros tocavam músicas europeias, porém à sua maneira, por não terem tido uma formação fundamentada na escola europeia, desconhecendo, assim, história, estilo e estética dessa música. O que os movia era o seu arcabouço interno de percepções[34].

33. João Guimarães Rosa, *Ficção Completa*, p. 55.
34. Esse conceito é desenvolvido por Simone Weil, filósofa francesa, em seus escritos sobre o enraizamento, nos quais diz que o ser humano tem uma raiz herdada pelo meio onde vive e pela cultura que o cerca, o que traz a ele pressentimentos do passado e certas percepções para um futuro. Diz ainda que as importações de culturas são tão importantes quanto o enraizamento no ambiente natural, mas que devem ser digeridas antes de alimentarem, e essa absorção deve ser feita pelo próprio meio onde a pessoa vive.

Se observarmos a música popular como uma concretização dessa ideia, veremos que, desde sempre, do choro até o *rap*, é essa dinâmica criativa que orienta e move a criação musical popular no Brasil em grande parte da sua produção[35].

Voltando à ideia da magia, no mundo da viola não é diferente, como não é diferente no universo popular no qual uma profusão de ritos multiculturais se mistura para dar uma tonalidade local à religião vigente; muitas vezes o próprio catolicismo é chamado nessas circunstâncias de catolicismo popular por diferir tanto do catolicismo canônico[36].

As Artes de se Tocar Viola

Tocar bem a viola sempre suscitou curiosidade em quem a escuta, sobretudo pelo fato de nunca ter havido metodologias escritas ou pessoas dispostas a ensinar o instrumento no meio do povo, o que moveu as pessoas interessadas a recorrerem a pactos e simpatias por não terem conseguido cair nas graças de um tocador que os iniciasse nos segredos do instrumento.

35. Ou seja, transformar o que vem de fora a partir do que vem de dentro. Exemplos não faltam: dos chorões do início do século XX a Villa-Lobos; de Jackson do Pandeiro e Elomar à Bossa Nova; de Milton Nascimento e Raul Seixas aos Racionais. Observamos que esse conceito se estende para uma enormidade de compositores pelo Brasil ao longo de todo o século XX até hoje. Curioso que essa dinâmica, antes de domínio apenas dos que não tiveram na escrita o rumo de construção de seus conhecimentos, passou a ser uma constante de criação em todos os estratos socioculturais do Brasil.

36. Portugal, sendo um Estado católico, tinha por obrigação manter as instituições religiosas no Brasil, mas nunca teve divisas para tal feito. Dessa forma, as pequenas comunidades cuidavam de celebrar os seus próprios ritos e esse catolicismo leigo acabou por mesclar em si ritos diversos de culturas locais. Foi outrora chamado de catolicismo barroco e é hoje denominado catolicismo popular. Martha Abreu discorre sobre este assunto em seu livro *O Império do Divino* (1999). Além disso, notamos aqui também a ideia de Marshall Sahlins, segundo a qual os efeitos específicos das forças materiais globais dependem da maneira como são mediados em esquemas culturais locais.

Essa animosidade sempre esteve presente no mundo da viola, tanto aqui no Brasil quanto em Portugal. Pude constatar em minhas pesquisas que em cada localidade havia alguém que se autointitulava, e também era tratado pelas pessoas próximas a ele, como o maior tocador do mundo. Tanto foi que ouvia sempre o dito: viola não se ensina, se aprende. O tocador escolhia a dedo um ou outro discípulo e era negado aos demais a chance de se aprender a tocar viola.

Também pudemos registrar, numa entrevista[37] realizada em Ponta Delgada, Açores, um outro olhar para essa possível retenção de segredos e habilidades do violeiro. Este me foi apresentado pelo então professor de viola do Conservatório de Ponta Delgada, Rafael Carvalho, que me disse:

> Antigamente, os tocadores de viola recebiam ovos, legumes e alimentos diversos em troca de tocarem e cantarem e assim que se sustentavam. Ora, se eles ensinassem suas habilidades abertamente, perderiam o seu ganha pão".

Essa perspectiva trazida por ele faz muito sentido num mundo de carências em que a luta pela sobrevivência depende inteiramente das habilidades pessoais de cada um.

Dessa forma, o violeiro, como um dos artífices dessa cultura que o cerca, conta com seus manejos e procedimentos para que não lhe falte a inspiração e a memória no momento em que atua, pois, muitas vezes, da sua performance depende a sua sobrevivência.

E como já foi percebido e comentado em Portugal, séculos atrás, tocar bem um instrumento distingue quem o faz, além de construir um campo de poder que é alimentado pela curiosidade e admiração das pessoas que em torno do tocador transitam. E

---

37. Entrevista realizada por nós em 2019. Supervisão de câmera e áudio feita por Catarina Alves Marques.

o ser violeiro, a partir de um caminho pessoal ou, por vezes, geracional, vincou ao longo do tempo, a partir de suas narrativas, uma cultura de poder sobre coisas e pessoas, adquirindo até a propriedade de produzir encantamento enquanto toca.

O violeiro, enquanto um detentor de habilidades por muitos admiradas e cobiçadas, construiu em torno de si um carisma expresso em força e magia que manifesta seu poder na capacidade que tem de até manipular serpentes peçonhentas e lidar, em pactos ou desafios, com o próprio diabo.

Curiosamente, o violeiro atrai para si uma aura de diferenciação, de misticismo, pois tocar viola com destreza é sempre visto como algo que salta aos olhos das pessoas e suscita curiosidades. E a habilidade no tocar é muitas vezes associada ao resultado de algum pacto. Assim, este violeiro mantém um trânsito do profano para o sagrado, e vice-versa, como nenhuma outra pessoa da comunidade consegue. Ele toca nas festas da igreja e faz o pacto com o tinhoso para tocar melhor e nem por isso é rechaçado do meio onde vive. A proximidade com o mundo sobrenatural é uma constante em seus hábitos. A ligação com cobras peçonhentas, sobre as quais ele mantém um domínio e assimila delas parte de seu poder – a ponto de ter sempre no bojo de sua viola um guiso (chocalho) de cascavel ao qual atribui uma melhora na sonoridade. Também é presente o costume de manter preso em garrafas pequenos cramulhões (demônios) e o uso de simpatias para aumentar o seu domínio sobre o instrumento[38].

Aqui, notamos, embora de forma diversa e não organizada, a proximidade que o tocador de viola mantém com o mundo sobrenatural e com as artes do tinhoso[39], fato muito presente

---

38. Ivan Vilela, "O Caipira e a Viola Brasileira", *Sonoridades Luso-Afro-Brasileiras*, p. 181.

39. O diabo é tido como um grande violeiro, um tocador exímio que tem o poder de barganhar suas habilidades em troca de pactos em que a consequência máxima é o pretendente precisar entregar a sua alma ao tinhoso quando morrer.

no Brasil, onde o violeiro das pequenas localidades trafega com desenvoltura entre os espaços sagrados e os profanos. Esse expressivo prestígio advém, como já afirmamos, da admiração e curiosidade dos ouvintes, suscitada, sobretudo, porque seu aprendizado se dá pela aquisição da experiência, quase sempre autodidata, e não pela via da aquisição do saber escrito[40].

Essa aquisição do saber pela experiência, aliás, é uma das marcas da permanência e da transmissão de ensinamentos musicais calcados nas festas de cunho religioso e também nas funções, festas profanas, como percebo até hoje nas minhas pesquisas sobre manifestações e festas populares pelo Brasil.

Mais uma vez fica reforçada a ideia de que a viola sempre foi um instrumento presente nas artes e no cotidiano do povo, pois a substância com a qual a cultura popular lida é esta da permanência e da difusão sempre criativa de valores e ritos que apresentam alguma significação no cotidiano das comunidades onde circula.

E também nos mostra, em seu cerne, uma imensa capacidade de retenção de elementos ligados ao mundo das superstições e das magias, atividades normalmente refutadas pelas classes instruídas pelo ensino escrito que tratam todo o universo mágico fora do catolicismo, ou, agora, do neopentecostalismo, como superstição, como ignorância, como coisas do demônio.

E acredito que essa característica é mais um indicativo de que o que pulsa dentro de nós, enquanto um substrato gerador de toda a percepção de mundo, tem suas bases intestinas fundadas no mundo indígena e africano e não propriamente no português, como nos foi sempre ensinado – não somente pelos livros, mas principalmente pelo apagamento e a não exposição das fontes históricas referentes às classes socioeconomicamente subalternas.

---

40. O saber, quando escrito, é socializado de maneira mais rápida; já o saber da experiência exibe a característica de se espalhar de maneira menos unívoca e mais diversa.

Recepção e Criação

Se nos ativermos ao âmago da narrativa de Carlo Ginsburg em *O Queijo e os Vermes*, perceberemos que, por trás de todo o estudo e levantamento das fontes históricas ligadas ao processo da Igreja da Inquisição contra o moleiro Menocchio, está a ideia de como uma mente moldada pelo saber oral/aural organiza de forma não linear (plural, mas não caótica[41]) os conhecimentos que lhe chegam, diferentemente de como o entendimento é construído pelo saber escrito, de forma mais unívoca.

Carlo Ginsburg estudou minuciosamente os autos do processo da Inquisição contra esse moleiro, na Itália, no século XVI. Ginsburg teve acesso a todos os livros que o moleiro diz ter lido para elaborar teorias que incomodaram a visão canônica do catolicismo vigente. Numa rica narrativa, o autor nos mostra como Menocchio entendeu e interpretou os livros que leu. Como um subtexto, *O Queijo e os Vermes* nos aponta a riqueza de símbolos e imagens, além das distorções, que podem surgir a partir da leitura de um ou mais livros quando é feita por uma mente moldada pelo saber oral.

Olhando por essa mirada, vemos que a construção dos meandros das manifestações ligadas às culturas populares depende diretamente da informação que chega, da forma como chega e, sobretudo, da forma como reage o corpo que a recebe. Isso nos remete a Marshall Sahlins quando, analisando as formas como o capitalismo foi recebido por diferentes culturas no mundo, afirmou que os efeitos específicos das forças materiais globais dependem diretamente da maneira como são mediados em esquemas culturais locais[42], conforme já citei.

---

41. Maneira como Alfredo Bosi se refere à cultura popular.
42. Marshall Sahlins, "Cosmologias do Capitalismo no Setor Transpacífico do Sistema Mundial", *XVI Reunião Brasileira de Antropologia*.

Podemos pensar em Anchieta, no já tão estudado processo catequético[43] por ele empreendido junto aos indígenas, utilizando a música e o teatro como artifícios mnemônicos e doutrinários. E a pergunta que nos fica seria até que ponto a esperada transmissão de conhecimentos que Anchieta e seus discípulos pretenderam teve ressonância idêntica às ideias que eles plantaram? Teriam conseguido os indígenas, com os quais os jesuítas se relacionaram, responderem musicalmente ou culturalmente da forma exata como Anchieta e os jesuítas esperavam?

A cultura local é sempre determinante na forma como a informação ou o conhecimento que chega de fora vai se configurar em seu seio. Conforme constatei em pesquisas de campo anteriores a esta, uma mesma expressão cultural, quando migrada e submetida aos efeitos do tempo, do espaço e de quem a recebia, acabava tornando-se outra coisa diferente de sua forma originária.

A viola, nesse fluxo de relações a que foi submetida e transculturada ao longo dos séculos, ganhou características muito particulares em cada região e período do Brasil. E porque seu uso esteve predominantemente nas mãos de pessoas não grafocêntricas, a sua potência se viu amplificada, posto cada um que a recebia acrescentava-lhe o seu quê de cultura própria e pessoal.

Como exemplo, temos na música dos caipiras dezessete ritmos diferentes[44], algo impensável em qualquer outro gênero da música popular brasileira. Quando falamos de encontros e fusões culturais, um mais um quase nunca é exatamente dois. A aleato-

43. Conferir em Marcos Tadeu Holler, *Uma História de Cantares*; Alfredo Bosi, *Dialética da Colonização*; Rogério Budasz, *A Música no Tempo de Gregório de Matos* e Charlotte Castelnau-L'Estoile, *Operários de uma Vinha Estéril*.
44. Mapeamento por mim realizado e registrado no livro *Cantando a Própria História – Música Caipira e Enraizamento*.

riedade se faz presente na subtração e também no surgimento de novos elementos que não constavam no início da fusão[45].

A viola, muitas vezes, mais que o violeiro que a empunha, foi, e é, a agente das modificações socioculturais[46], como podemos perceber hoje nas orquestras de viola espalhadas pelo Sudeste brasileiro. Ali, a viola é o elemento que aglutina pessoas de faixas etárias distintas, níveis socioeconômicos e escolaridades diferentes. Pessoas que jamais se encontrariam por terem valores de vida diversos acabam se reunindo em torno do tocar viola e do celebrar valores cantados pelas músicas caipiras. O centro de tudo é o instrumento e não o humano que o toca. É a viola quem cria toda a motivação do acontecimento.

Curioso que no contexto dessa situação presente nos dias de hoje, na qual a viola, desde os anos 1990, conseguiu perpassar com seu uso diferentes estratos socioculturais, fato, aliás, inédito, é importante lembrarmos que, ao longo dos séculos, ela foi um instrumento que teve seu uso relegado, quase totalmente, às camadas mais pobres da população.

Ecléa Bosi e Milton Santos sinalizam em seus escritos que, na cidade grande, os pobres são os detentores da cultura popular pela própria prática cotidiana de suas vidas baseada na experiência, na construção desse saber pela experiência e pela troca e não propriamente pela via da leitura.

Aqui, vale uma observação muito interessante e curiosa descrita na pesquisa de doutoramento na USP em Análise do Dis-

---

45. É curioso observarmos como Darci Ribeiro, em *O Povo Brasileiro*, entende o caipira como fruto de regressões e perdas e não de adições como normalmente se pensa quando se fala em encontros culturais.

46. Aqui me reporto a Bruno Latour e sua teoria do Ator-Rede, na qual, a partir de uma perspectiva de horizontalização dos objetos da pesquisa, os utensílios podem ganhar a mesma ou maior dimensão de importância ante os próprios humanos que os manipulam. Conferir em *Reagregando o Social – Uma Introdução à Teoria do Ator-Rede*.

curso feita por Ricardo Azevedo. Sua tese foi lançada em livro com o título *Abençoado e Danado do Samba*. Após uma longa descrição socioantropológica sobre construção de saberes, o autor, acertadamente, divide a população brasileira em dois grandes grupos. O primeiro, a que ele chama de "hegemônico, moderno e escolarizado", e o segundo, que é tratado por ele como "consciência popular". No primeiro grupo, orientado pelo saber escrito, os valores de relação e respeito são pautados pelos que sabem mais porque estudaram e não porque são mais velhos, pelo acúmulo de conhecimentos e não pela experiência adquirida, e a ideia comportamental é a do individualismo, sendo a palavra central o "eu". Já no segundo grupo, orientado pelo saber oral, o aprendizado se dá pela transmissão da experiência vivida, prática. Os velhos são importantes porque viveram mais, a mãe é o símbolo máximo da expressão de sabedoria, bondade e acolhimento. A solidariedade e o respeito à hierarquia são presentes na prática cotidiana que se dá pelo coletivo, sendo a palavra principal que os orienta o "nós".

O autor, pela análise das letras dos sambas, que, segundo ele, foi o gênero musical mais gravado no Brasil, totalizando quase um terço das gravações realizadas, percebeu que, mesmo tendo sido compostos por autores ligados ao primeiro grupo (hegemônico, moderno e escolarizado), os sambas tratam de temáticas relacionadas ao segundo grupo, o da consciência popular. E isso num percentual muito alto.

Esse estudo, de alguma forma, aponta para a ideia de que em nosso âmago, de onde irrompe o nosso poder criativo, somos mais indígenas e africanos, mais ligados ao estrato da consciência popular, na qual a atitude do autodidatismo não grafocêntrico se faz tão forte e presente em nosso cotidiano, inclusive no das pessoas com letramento.

Seria interessante que pensássemos esse autodidatismo não como o fruto de uma iluminação fortuita e inocente, mas sim como um grande arcabouço de conhecimentos construído ao longo de séculos pela soma das experiências geracionais de muitos. E é esse o lugar-fonte que todos os que desejam desenvolver caminhos pela própria experiência têm como repositório de práticas e de possibilidades. A habilidade do autodidata provém da sua capacidade e inteligência em pinçar nesse arcabouço que lhe foi legado o que lhe convém na construção da sua arte ou de seu saber.

Se pensarmos nessa dimensão e conceito de autodidatismo, notaremos que a construção do conhecimento sobre muitos dos instrumentos mais relacionados ao âmbito do popular, da tradição oral/aural/visual/corporal, passa a ficar mais clara e fazer mais sentido. Basta observarmos como se ensina/aprende instrumentos como a viola, o acordeon, o cavaquinho, a rabeca, o berimbau, o pandeiro e inúmeros outros instrumentos percussivos, e até o violão, ligados às práticas musicais das pessoas de estratos socioeconômicos menores.

Podemos também trazer esse conceito à profusão das danças tratadas como folclóricas, ou o que sejam, que brotam a partir de uma força de conhecimento coletivo acumulado pelas práticas seculares de comunidades inteiras que passaram à margem dos nossos estudos acadêmicos e que, muitas vezes, nos estudos etnomusicológicos, são ainda olhadas como exóticas. Ora, exóticos podemos ser nós, mas não eles que construíram a sua cosmologia a partir da relação que criaram com a terra em que habitam.

Outras Pistas

Por uma outra perspectiva vinda da filologia, podemos ter indicativos dos possíveis caminhos trilhados pela viola ao longo dos tempos. Ao olharmos para as especialidades musicais provenientes do domínio de determinados instrumentos, percebemos que o sufixo "-ista" está numa posição de contraposição ao sufixo "-eiro"[47]. Todos os músicos que tocam em orquestra têm suas especialidades determinadas pelo sufixo "-ista" – clarinetista, violinista, violista, pianista, cravista, flautista, harpista, contrabaixista, oboísta, fagotista, percussionista, trombonista, trompetista etc. –, o que, no caso da música, pode nos apontar para o desenvolvimento da profissão pela aquisição do saber escrito, embora haja especialidades relacionadas ao domínio de instrumentos populares que tenham o sufixo "-ista" em suas terminações, como o bandolinista, o cavaquinhista e o acordeonista.

Em contrapartida, temos os músicos que aprendem pela aquisição prática da experiência, como o sanfoneiro, o rabequeiro e o violeiro. Reparem no açougueiro, no pedreiro, no charreteiro, no banqueiro, no leiteiro, no vidraceiro e tantos outros "-eiros", todos eles com suas profissões adquiridas pelo saber da experiência.

Na primeira metade do século xx, os músicos eruditos – para não dizer, nessa situação específica, colonizados e domesticados unicamente pela música europeia de períodos anteriores ao que viviam – tratavam os pianistas que tocavam música popular brasileira por "pianeiros", alcunha recebida por Ernesto Nazareth e Carolina Cardoso Menezes, o que aponta aí para uma estratificação construída pela forma de aquisição de saber e pela origem do repertório tocado[48].

47. Como indica a filóloga Cláudia Assad Alvares em seu artigo "Sufixos Formadores de Profissões em Português – -ista × -eiro, Uma Oposição", fica claro que nenhuma regra resiste às exceções surgidas no que toca à utilização dos sufixos "-eiro" e "-ista" como designativos de profissões. Origens históricas e semânticas são diversas e muitas vezes contradizem a tentativa de estruturação de um regramento para a utilização desses sufixos. Todo o tempo há exceções que impedem uma determinação ou compartimentação específica das profissões nesses sufixos. Sua monografia, *Nomes de Profissões: Uma Oposição Sufixal*, caminha nessa mesma direção.

48. Aqui, como ilustração dessa ideia, vale ler os contos de Machado de Assis: "O Machete" e "Um Homem Célebre". Há também uma tese muito ilustra-

E nessa perspectiva, também por ter seu saber adquirido no campo da práxis[49], ser um violeiro aproxima mais o instrumento e quem o toca dos estratos mais populares e das origens mais chãs que do mundo oposto.

Outras Paisagens

Um outro indicativo das origens e permanência histórica da viola em estratos mais humildes das comunidades pode ser percebido por intermédio da iconografia, dos registros em hemerotecas e pela literatura presente em romances e contos, que não deixam de ser etnográficos por narrarem o dia a dia e a visão cotidiana dos cidadãos de seu tempo, no caso aqui, nos anos 1800.

Por meio dos caminhos citados, mostrarei o quanto a viola e seu uso estiveram ligados às práticas musicais das camadas mais pobres da população, seja nas principais cidades, seja nos interiores e fazendas. Da mesma forma como aconteceu em Portugal e nos foi deixado em registros por cronistas e por determinações jurídicas e religiosas da época.

Observando a documentação iconográfica feita por viajantes estrangeiros que andaram pelo Brasil no século XIX, fica palpável o fato de que, sempre que alguém da elite ou em situação econômica mais abastada toca um cordofone, este quase nunca é uma viola. Normalmente é uma bandurra ou uma bandola, dado

---

tiva publicada por Robervaldo Linhares Rosa, professor de piano da UFG, *Como É Bom Poder Tocar um Instrumento – Pianeiros na Cena Urbana Brasileira*, de 2014.

49. Renato Andrade, músico que levou a viola às salas de concerto, dizia que o tocador de viola deveria ser chamado de "violanista", para se distanciar do caráter, às vezes, depreciativo que o termo violeiro impunha. Pessoalmente, discordo dessa visão de Renato, sobretudo pela intenção que temos de destituir toda e qualquer forma de pseudossuperioridade simbólica, ainda tão presente nos meios musicais, que tentam criar estratificações e verticalizações num espaço onde tudo funcionaria melhor de maneira horizontal.

o seu fundo arredondado. Lembramos que até a chegada do violão, em meados do Oitocentos, havia diversos instrumentos de cordas dedilhadas circulando pelo Brasil. O violão aqui chegou com o nome de guitarra francesa, com cordas simples, e não duplas, o que simplificava sua afinação. Possuía maior tessitura[50] e já havia alguma literatura proveniente de autores clássicos, como Matteo Carcassi, Mauro Giulianni e Napoleón Coste, além de literatura anterior, do Renascimento espanhol, construída sobre a *vihuela*.

Em algumas das imagens reproduzidas a seguir, é clara essa diferenciação de uso, como se o instrumento pudesse ter sido também um distintivo de classe como o era em Portugal[51]. Quase todas as gravuras que se seguem foram feitas por viajantes estrangeiros que passaram pelo Brasil no século XIX.

1. *Sesta Após o Jantar*, Jean-Baptiste Debret.

50. Termo referente à amplitude de graves e agudos presente em um instrumento.
51. Conferir a citação de Tinhorão correspondente à nota de n. 19 deste ensaio.

Reparem, na fugira 1, como o bojo do cordofone tocado é redondo, como os demais nas figuras 2, 3, 4, 5, 6 e 7:

2. *Costumes do Rio de Janeiro, Seresta.*

3. *Família de Fazendeiros*, Johann Moritz Rugendas.

4. *Trajes usados em São Paulo.*

5. *Costumes de São Paulo*, Johann Moritz Rugendas.

6. *Família de Fazendeiros*, Johann Mortiz Rugendas.

7. Detalhe de *Família de Fazendeiros*,
Johann Moritz Rugendas.

Em contrapartida aos instrumentos de bojo redondo, vemos agora as violas em gravuras e também fotografias dos séculos XIX e início do XX:

8. Carlos Julião, *Coroação de um Rei Negro nos Festejos de Reis*, Rio de Janeiro.

9. Carlos Julião, *Cortejo da Rainha Negra na Festa de Reis*, Rio de Janeiro.

Aqui, autores brasileiros como Almeida Júnior e Oscar Pereira da Silva, que retrataram o caipira em fins do século XIX:

10. Almeida Júnior, *O Violeiro*, 1899.

11. Oscar Pereira da Silva, *Violeiro*.

E, na sequência, algumas fotografias que reforçam nossa ideia da viola como um instrumento de subalternos, como nesta secular Festa de Santa Cruz[52]:

12. *Festa de Santa Cruz*, 1913, Carapicuíba, SP.

13. *Festa de Santa Cruz*, 1928, Carapicuíba, SP.

52. Américo Pellegrini Filho, *Carapicuíba – Uma Aldeia Mameluca*, São José dos Campos, Fundação Cultural Cassiano Ricardo, 2016.

Fotos avulsas, de autores e épocas não identificados, recolhidas na internet:

Reproduziremos agora, no intuito de reforçar a ideia que propus, uma série de anúncios em jornais do século XIX, todos eles relatando fugas de escravizados com descrição de características físicas e habilidades do "fugitivo"[53]. Tais informações nos desenham claramente o quanto a viola era presente no cotidiano dos negros nesse período. Aliás, como a música já era, e é, pulsante e presente no universo afrodiaspórico brasileiro, até hoje.

[53]. Agradecimento à pesquisadora Gina Cavalcanti Falcão e ao professor e pesquisador Estêvão Luz pela recolha e indicação das hemerotecas pesquisadas.

17

No jornal, de 1819 (figura 18), lemos no parágrafo 40: "No dia 18 de Junho de 1819, desapareceu desta cidade um mulato de idade de 18 a 20 anos, alto, bem feito, bonito de cara, corpo espigado, cabelo de negro, porém mulato claro e sobre o peito do pé um golpe que apanhou, e nas nádegas sinal de açoites, oficial de carpinteiro, toca bem viola, muito pachola, [...] o mulato chama-se Dionizio..."

> 40 No dia 18 de Junho de 1819, desappareceu desta Cidade hum mulato de idade de 18 a 20 annos, alto, bem feito, bonito de cara, corpo espigado, cabello de negro, porém mulato claro e sobre o peito do pé hum sinal de golpe que apanhou, e nas nadegas sinal de açoutes, official de Carpinteiro toca bem viola, muito paxola; quem delle seuber e trouxer a seu Sr. se lhe dará cinco doblas do seu trabalho, o mulato chama-se Dionizio, porém pode elle ter mudado o nome; assim mais desappareceu no dia 16 de Setembro de 1821, outro mulatinho de idade de 13 a 14 annos que pode passar por branco tanto em côr, como em cabello, tirando a caboelo, foi vestido com jaqueta e calças de ganga amarella, e jaleco de setim preto, camiza de caça, chama-se Tristão, por sinal tem as unhas dos pés dos dois dedos grandes mal feitos que mostrão serem derrobadas fora e nacerão outras, quem delle souber e quizer trazer a seu Sr., terá duas doblas de seu trabalho e o Sr. he morador na rua da Alfandega N.º 14 da rua da Quitanda para baixo.

18 Dionizio, 1819.

> ESCRAVOS FUGIDOS.
>
> 66 No dia 15 do corrente fugio hum crioulo de nome Querino, idade 20 annos pouco mais ou menos, levou calça, e jaqueta de brim escuro, he official de Çapateiro, e bolieiro, tem huma penugem por baixo da barba, e pouco, ou nenhum buço tem, he de
>
> tiver acoutado, pelos jornaes, desde o dia em que fugirão.
>
> 70 No dia 13 de Fevereiro p. p.º, fugio da rua do Sabão Cidade Nova n. 41, hum preto de nome Thomaz, crioulo da Bahia, idade 38 a 40 annos, estatura regular, rosto comprido, e carregado, com huma pequena falta de cabello ao lado, cabeça metida entre os
>
> RIO DE JANEIRO NA TYPOGRAPHIA DO DIARIO DE N

19. Querino, 1821.

Neste, há um salto da primeira para a segunda coluna ao trocarmos de imagem: "No dia 15 do corrente fugiu um crioulo de nome Querino, idade 20 anos pouco mais ou menos, levou calça, jaqueta de brim escuro, é oficial de sapateiro e bolieiro, tem uma penugem por baixo da barba, e pouco, ou nenhum buço tem, é de boa altura e pouco cheio de corpo, fuma charutos, tem a orelha esquerda furada, as pernas um pouco arqueadas, pés grandes, porém anda calçado, e toca viola à moda da Bahia; quem dele souber..."

20

DIARIO DO RIO DE JANEIRO. PREÇO 60 Rs.

Respendendo-se ao annuncio n. lo Diario de 2 do corrente, em dezeja fallar a Antonio Xavier Ra , póde dirigir-se á rua da Can ria n. 51, a qualquer hora do dia, poderá fallar, querendo, ao dito ello.

Precizando-se muito fallar na rua juda n. 6, ao Reverendissimo Sr. e Manoel José de Faria; roga se nesmo Sr. queira declarar a sua ada, para ser procurado.

Roga se ao Sr. Francisco Liau o favor de mandar a resposta da que do Castello se lhe mandou.

boa alt... cheio do corpo, fu ma charutos, tem a orelha esquerda fu rada, as pernas hum pouco arqueadas, pés grandes, porém anda caiçado, e toca viola a moda da Bahia; quem del le souber, ou o levar á rua do Lavra dio n. 46, ou á rua dos Arcos casa de fronte da n. 13, será mui bem re compençado.

67 Á Luiz José Ribeiro Lacé, mo rador em Piratininga, distante da Ci dade Nictheroy 2 legoas, fugio lhe no dia 30 de Janeiro p. p., hum escra vo de nome Vicente, nação Rebolla, côr fula, reforçado de corpo...

21. Querino (1836).

22

HISTÓRIA E CULTURA NO SOM DA VIOLA

23. Antonio, 1827.

"No dia 20 de fevereiro fugiu de uma chácara, no Engenho Novo, um crioulo por nome Antonio, com os sinais seguintes: idade 40 anos, pouco, mais ou menos, estatura ordinária, grosso de corpo, cara redonda, pouca barba, pernas alguma coisa tortas, pés grandes e chatos, tem algumas cicatrizes no peito e nas costas, fala bastantemente gago, é bom carreiro e trabalhador de roça, levou vestido camisa e calças de brim, jaquetas de baetão e juntamente uma viola pequena em que tocava. Desconfia-se ter ido para Minas, de onde é filho de um lugar chamado Arraial Turvo..."

Lemos no parágrafo 63: "Fugiu um pardo de nome Félix, rapaz, terá 20 anos de idade, reforçado de corpo, pouca barba, picado de bexigas, é mui pronóstico, canta e toca viola, é oficial de impressor e trabalhava na tipografia do Mr. Ogier..."

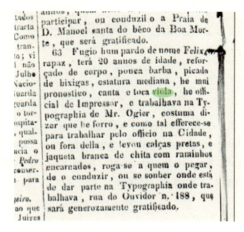

25. Felix, 1833.

26

"Fugiu na noite do dia 27 de março, da Travessa do Infante, casa número 6, no Catete, um pardo de nome benedito, claro, alto, magro, pouca barba, tem o ofício de alfaiate e é tocador de viola, levou vestido calças brancas..."

27. Benedito, 1827.

"Fugiu no dia 6, no corrente, um moleque crioulo de nome Manuel, idade 16 anos, estatura regular, meio fula, magro e fala bem, sabe ler e escrever, canta, toca viola e flauta, levou calça de brim e camisa de riscado..."

29. Manuel, 1839.

"Como não há licença para brincar com limões, e o Entrudo este anoo é muito triste, bom é passá-lo mais alegre com o N. 18 do Simplício da Roça, e seu suplemento, o qual além de um artigo sobre o Simplício Velho, e ano bissexto, traz uma notícia da festa de S. Simplício celebrada na Roça em 2 do corrente, uma saúde e um lunduzinho cantado dessa ocasião por uma Roceira de bom gosto: mandem, pois, todos afinar a rabeca ou a viola para cantar e dançar este lunduzinho bem puxadinho..."

30

31. Convite para se tocar um lunduzinho [*sic*], podendo trazer rabeca ou viola quem as tiver, 1832.

Escravo fugido

400$000

Fugiu do abaixo assignado, no dia 29 de Junho do corrente anno, seu escravo de nome Thomé, idade 30 annos mais ou menos. natural de Bragança, com os signaes seguintes: — altura regular, mulato escuro, boa dentadura e dentes abertos, falla descançado e fina, barbado, toca viola e canta muito

32

dentadura e dentes abertos, falla descançado e fina, barbado, toca viola e canta muito bem, inclinado a funções e gosta de embriagar-se.

Quem dér noticias certas ou entregar em Campinas, aos srs. Viuva Couto & Filho, ou em minha fazenda receberá a quantia acima.

Protesta-se com todo o rigor da lei contra quem o acoutar.

Campinas, 31 de Dezembro de 1874.

10—1   *José Luiz de Andrade Couto.*

33

> **Ao G. Mór Joaquim Ferreira da Silva,** morador na Itabira de Matto dentro, fugio no dia 13 de Julho do corrente, um escravo cabra de nome José, de 33 annos de idade, com os signaes seguintes: alto e de boa figura, cara comprida, bem barbado, bons dentes, e bem descanelado; trabalha de carpinteiro, e toca mui bem viola, canta, e dança: levou calça e camiza de algodão, e jaleco de lãa grossa. Quem o conduzir a seu Sr. terá de gratificação cincoenta mil réis.
>
> *Ouro preto, 1858. Na Typ. do Universal.*

34. Relatos em Ouro Preto, MG.

> *A 6 para 7 annos fugio da Villa da Atibaia em S. Paulo, um crioulo, de nome Luiz, idade de 28 annos, bem barbado, áltura menos que ordinaria, fino de corpo, bonito, cor fula, pernas tortas para fora, tem falta de um dente na frente de cima, official de çapateiro, muito ladino, sabe lér, e escrever, tocador de viola, muito dado á sucia, e a dança; quem o prender, e leva-lo a seu Sr. terá 100$000 rs. de gratificação.*

35. Relatos em Atibaia, SP.

Escravos fugidos

Christiano, altura mais que regular, não é bem preto, maçãs do rosto salientes, pernas arcadas, dentes limados, cabellos bem penteados, figura bonita, idade 38 annos, amansa animaes, toca viola, tem trocado o nome pelo de Felipe ; fugido a tempo.

Innocencio, baixo, mulato meio claro, fino de corpo, barba tinha só no queixo e bigode, idade de 30 annos, alfaiate, cocheiro, troca o nome pelo de João.

Nicacio, alto, fino de cara, barbado, não é bem preto, signaes no rosto que parecem ser de bexigas, arrasta uma perna, parece que a esquerda, idade 46 annos.

Ildefonso, fino de corpo, preto, barbado, sem dentes na frente, beiçudo, trabalha em serviço de taquaras.

Gratifica-se á 100$000 rs. por cada um, entendendo-se em Jundiahy com o sr. José Benedicto Afonso. 10—3.

36

37. Sem locais nem datas definidas.

Anúncios

Há nove meses desapareceu um escravo do Capitão Luiz Rodrigues Braga, da Fazenda da Capitinga, Termo de Tamanduá, cujo escravo de cor escura, de nome Adão, conta que mudeou de nome para Antonio Luiz, o qual contém os sinais seguintes: pouca barba, entradas altas, pés grandes esparramados, por cima de um olho tem um sinal de ferida, tem falha do [...], de frente e de cima, é dançador, bebedor de cachaça, tocador de viola, marcador de [...], jogador, lavra bem de [...], mostra ter pouco mais ou menos idade de 21 a 30 anos. Quem der notícia do dito escravo terá de alviçaras vinte mil réis, além das despesas. O abaixo assinado, morador da Freguesia do [...], Termo da cidade de Mariana, obriga-se a satisfazer tudo, tomando o dito escravo.

Manuel Pedro Costa

Elizabeth Travassos, ao empreender um rápido e interessante estudo sobre a viola em seu artigo "O Destino dos Artefatos Musicais de Origem Ibérica e a Modernização do Rio de Janeiro (ou Como a Viola se Tornou Caipira)", cita que as gravuras dos viajantes estrangeiros que andaram pelo Brasil, embora com caráter pictórico, apresentam intenção documental.

Nesse trabalho, Travassos faz um apanhado de acontecimentos que podem ter modificado a cena musical do Rio de Janeiro, destituindo da viola o cargo de principal instrumento acompanhador. É certo que pelo título notamos um leve viés etnocêntrico ao dar a entender que a viola se tornou caipira (rural) após perder seu espaço no Rio de Janeiro. A autora ignora a história social de São Paulo, onde a viola sempre esteve presente nas mãos de jesuítas, mamelucos, bandeirantes e depois tropeiros, até adentrar pelo século XX como um instrumento largamente usado pelas comunidades rurais, fato evidenciado com o início das gravações de música caipira, em 1929, que teve a viola como protagonista[54], levando esse segmento a ser um dos campeões de vendagem de discos no Brasil.

Seguindo ainda a pista de Travassos, que cita Márcia Taborda, pesquisadora e instrumentista que escreve importante livro sobre a história do violão, no qual aponta ser a substituição da viola pelo violão próxima à chegada da família real ao Brasil e da consequente modernização de práticas e costumes que foram se fixando e permaneceram até as raias do século seguinte:

A partir da segunda metade do século XIX, quando a novidade do violão estava perfeitamente assimilada pela sociedade carioca, a viola

---

54. Mais uma vez a ideia de Latour sobre a necessidade de se horizontalizar a importância dos objetos de estudo, sejam eles humanos ou artefatos, dando a oportunidade de percebermos que, por vezes, o objeto, mais que o humano, é protagonista de algumas ações.

assumiu identidade regional, interiorana. Ao violão, coube o papel de veículo acompanhador das manifestações musicais urbanas [...][55].

Voltamos, aqui, à ideia de Norbert Elias sobre como as representações identitárias das elites mudavam para se apresentarem como novidades, pretendendo atestar um caráter de inovação e, por conseguinte, de superioridade enquanto modernas. E fica perceptível por todas as vias[56] aqui expostas que a viola, nesse período, representava algo arcaico, de uso muito antigo, que deveria ser descartada e esquecida, como já havia sido feito pela elite em Portugal.

Não obstante, permaneceu viva no meio das populações mais simples, como percebemos em anúncios de jornal da primeira metade do século XIX no Rio de Janeiro, em Minas Gerais e em São Paulo. Estevão Luz, um importante pesquisador da história a partir de hemerotecas, joga luz no período em seu livro *Incendiárias Folhas*[57].

Na busca pelos caminhos da viola durante os anos 1800, Renato Varoni de Castro, outro carioca[58], como Elizabeth Travassos e Márcia Taborda, busca na literatura desse século indicativos do caminho que a viola já tomara naquele período, que

---

55. Márcia Taborda, *Violão e Identidade Nacional*, p. 57.
56. Pinturas, literatura, jornais e estrato social de uso.
57. A partir de minuciosa pesquisa em jornais do século XIX, o autor desvenda com clareza alguns aspectos relacionados aos costumes do período.
58. É curioso como a viola, mesmo não tendo mais estado presente nas práticas musicais do Rio de Janeiro durante mais de cem anos, só retornando agora à cena musical da cidade, é largamente estudada por pesquisadores do Rio de Janeiro, que trazem em seus trabalhos uma contribuição importantíssima ao entendimento da história social do instrumento. Talvez pelo fato de a viola ter virado material da história pregressa no Rio de Janeiro surja a motivação de estudá-la como forma de entender o passado. Em São Paulo, a viola é, sobretudo no século XX, parte presente de uma história que se desenrola, o que, de alguma forma, não a torna ainda objeto de estudo histórico, mas muito mais objeto de estudo socioantropológico e musical. Fica aqui expressa a nossa gratidão às pesquisadoras e aos pesquisadores cariocas.

eram o de ser tratado como um instrumento arcaico e representante de classes e pessoas que não acompanhariam as mudanças de modernização trazidas pela vinda da família real portuguesa ao Brasil, em 1808.

Surge-nos, aqui, uma pergunta: teria sido a viola, nesse período, um instrumento que fizesse alusão ao período anterior, quando o Brasil se encontrava ainda subordinado à coroa portuguesa? Se sim, a negação de tal fato poderia ter colaborado para o declínio de seu uso e acelerado o seu processo de esquecimento urbano e sequente ruralização?

Podemos, agora, nos voltar a alguma literatura carioca do Oitocentos para reforçarmos a ideia da viola como um instrumento não propriamente arcaico, mas sim pertencente às classes mais humildes.

Joaquim Manuel de Macedo, em *As Mulheres de Mantilha*, romance histórico que remete ao período pombalino no Brasil, já nos dá pistas sobre como a viola era percebida na época. Resta sabermos se esta sua visão é pertinente ao século XVIII – o romance se passa entre 1763 e 1767 – ou ao período em que foi escrito, no século XIX.

No capítulo LII, segue-se um diálogo:

– Lundu novo! – exclamou uma linda rapariga, levantando-se e tomando a viola.

– Por que não ao cravo?

– O cravo é mais nobre, pertence às xácaras e às baladas; o lundu é mais plebeu e cabe de direito à viola, que é o instrumento do povo.

– Venha pois o lundu[59].

Ou ainda, com o mesmo Macedo, em seu romance *A Moreninha*, no qual Augusto, estudante de medicina e filho de comerciante, diz:

---

59. Joaquim Manuel de Macedo, *As Mulheres de Mantilha*, p. 171.

VIOLA: UMA HISTÓRIA SONORA DO POVO

– Eu gosto de andar só, minha senhora.

– Sempre é má e triste a solidão.

– Mas às vezes também a sociedade se torna insuportável... por exemplo, depois de amanhã...

– Depois de amanhã? – repetiu ela, sorrindo-se – depois de amanhã o quê?

– Minha senhora, ouvidos que escutaram acordes, sons de harpa sonora, vibrada por ligeira mão de formosa donzela, doem-se de ouvir o toque inqualificável da viola desafinada da rude saloia.

– Eu não o compreendo bem...

– Quem respirou o ar embalsamado dos jardins, o aroma das rosas, os eflúvios da angélica, se incomoda, se exaspera ao respirar logo depois a atmosfera grave e carregada de miasmas de um hospital[60].

Fica clara a visão de todos, sobretudo das pessoas educadas pela via da escrita, acerca do local e nas mãos de quem a viola já se encontrava ou deveria estar nesse período.

Podemos também, a partir de Flausino Vale, perceber novamente o caráter popular da viola no Nordeste, não só nas mãos dos repentistas, mas agora nas mãos da malta, como Vale aponta em *Elementos do Folclore Musical Brasileiro*:

Em Pernambuco, foi ela (a viola) muito cultivada, igualmente contando lá afamados e afamanados modinheiros; e como é a terra do açúcar, cada um mais dulçoroso e meloso[61]... Haja vista que o bandido Cabeleira; este, no momento de ser enforcado, rogou que lhe bambeassem a corda, para que ele pudesse desabafar na viola o seu infortúnio, cantando uma modinha. Foi atendido e enterneceu o povo e autorida-

60. Joaquim Manuel de Macedo, *A Moreninha*, p. 20.

61. Notemos aqui uma visão muito parecida, talvez até influenciada por Manoel de Araújo Porto-Alegre, já citado por Martha Ulhôa em *Inventando Moda: A Construção da Música Brasileira*, ao atribuir características culturais às paisagens e plantações, como se na terra do açúcar as pessoas compusessem de maneira mais "melosa". Na realidade, mais uma expressão de determinismo geográfico.

des, o que lhe valeu o perdão da pena de morte. E, assim, as cordas do pinho e as cordas vocais salvaram-no da corda da forca[62].

E nessa constante circularidade, a viola hoje se encontra em pleno processo de revitalização, sendo tocada por velhos, jovens e crianças, com cadeira de bacharelado em cursos de música em universidades e, cada vez mais, sendo adotada como principal instrumento por inúmeros músicos dos mais variados segmentos. Além disso, rompendo preconceitos sócio-históricos ligados às suas raízes, a viola agora arrebata um novo elenco de tocadoras mulheres que levam o instrumento por caminhos onde ele não havia antes percorrido[63].

Das muitas raízes que teve, a viola hoje cria asas. Olhando agora, penso que tenha sido fundamental a permanência da viola no âmbito das classes mais pobres, que historicamente são menos mutáveis no que toca aos costumes e usos de artefatos, conforme procurei mostrar neste ensaio. Pois a viola agora nos chega não como um instrumento musealizado ou de uso histórico, como tem, em parte, ocorrido com seu resgate em Portugal, mas sim como um instrumento vivo e atual, pleno em possibilidades, na medida em que se renovou acompanhando os desenvolvimentos organológicos[64] que lhe foram exigidos durante a segunda metade do século XX[65] pelas gravações de música caipira, período em que novas demandas de

62. Flausino Vale, *Elementos do Folclore Musical Brasileiro*, p. 119
63. Um dos focos da minha pesquisa no projeto AtlaS, ao vir ao Brasil, foi ouvir as vozes das mulheres violeiras, muitas delas envolvidas nos processos de ensino-aprendizado do instrumento em todo o país.
64. A organologia trata da descrição e classificação dos instrumentos a partir de grandes ramos, como cordas dedilhadas, cordas friccionadas, instrumentos percussivos, de sopro, dentre outros, e em cada ramo há subdivisões que se referem ao seu formato, à maneira como produzem som etc.
65. Conferir no ensaio "Vargas, Salazar e o Destino das Violas", presente neste livro, pp. 89 e ss.

performance exigiram maior expansão dos seus recursos de tocabilidade.

Sem esse conjunto de acontecimentos, talvez a viola fosse hoje encontrada em grupos de música histórica como o alaúde, o cravo ou a viola da gamba. Ao contrário, a viola, em pleno uso no século XXI, deixou de ser um instrumento ligado apenas a determinados estratos sociais, sendo agora utilizada por pessoas de todas as classes e segmentos musicais, porém com uma nova e importante característica, que é trazer junto de si uma forte e larga raiz construída ao longo dos séculos, que já serve como substrato criativo, como ponto de partida para incursões no mundo contemporâneo.

VARGAS, SALAZAR E O DESTINO DAS VIOLAS[1]

> *A memória importa não tanto pelo conhecimento que traz, mas pela ação que ela governa*[2].

É sabido por nós, pesquisadores, que as violas são instrumentos de origem portuguesa e desde seus primeiros registros em Portugal[3], ainda nos séculos XV e XVI, a partir da dramaturgia de Gil Vicente, a viola havia se tornado um instrumento muito usual e, de alguma forma, tornara-se o porta-voz das pessoas mais humildes[4] e o mais popular de todos os instrumentos tocados no país, fato que corroborou a sua tão forte presença no Brasil, sobretudo a partir do século XVII.

1. Agradecimento ao professor José Alberto Salgado pela rica interlocução logo quando levantei a ideia de estudar os porquês da tamanha diferenciação entre as violas no Brasil e em Portugal.
2. Renato Janine Ribeiro, "Prefácio", *O Processo Civilizador*, p. 10.
3. Gil Vicente se refere à viola como um instrumento de escudeiros. Mais informações sobre esse tema são desenvolvidas no ensaio "Viola: Uma História Sonora do Povo", pp. 35 e ss.
4. Também presente no ensaio acima citado.

Olhando estas duas violas, perguntamos o que faria com que se modificassem tanto, uma em relação à outra, pensando que a brasileira tem sua origem na portuguesa?

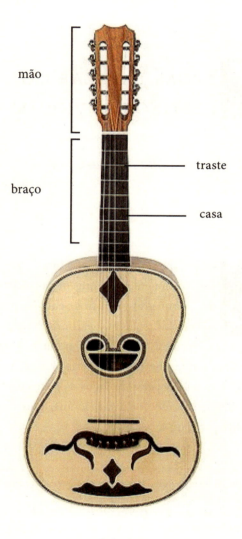

1. *Viola braguesa*

2. *Viola brasileira*

A um primeiro olhar, percebemos que, na viola à esquerda, a braguesa, o braço conta com dez casas (pontos) e termina logo onde começa o corpo do instrumento, com tessitura equivalente a um intervalo de sétima menor. Na segunda viola, uma viola brasileira, o braço entra no corpo do instrumento e conta com dezenove casas, formando um intervalo de décima-segunda entre a corda solta e a pressionada em seu último traste ou casa. Quanto à mão do instrumento, onde estão as tarraxas ou, às vezes, cravelhas, embora haja diferenças, estas não precisam necessariamente entrar no campo de nossa análise, embora possamos observar diferenças entre elas nas fuguras 3 e 4[5].

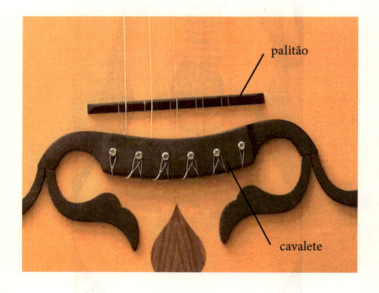

3. *Viola braguesa.*

---

5. No Brasil, a maioria das violas ainda produzidas têm a mão, ou cabeça, parecida com a da viola braguesa.

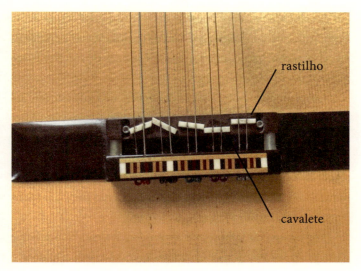

4. *Viola brasileira.*

O cavalete é a peça em que se assentam as cordas para que o som seja transmitido ao tampo e ao bojo do instrumento. Sobre o cavalete, há o rastilho que intermedeia o contato das cordas com o cavalete. Observem, agora, nas figuras 3 e 4, que na viola braguesa a peça que apoia as cordas é plana, está sobre o tampo e lá é chamada de "palitão". Já na viola brasileira, há um sistema de microafinações que cria uma gama de compensações entre cordas grossas e finas que se seguem no mesmo par de cordas. Além disso, nela esse rastilho com avanços e recuos está sobre o cavalete e não sobre o tampo, amplificando, assim, a vibração das cordas para as madeiras do instrumento.

Ter pares oitavados, com cordas grossas e finas, é uma característica organológica da viola[6]. E é por essa diferença na calibragem (peso) das cordas que os instrumentos têm tamanhos de bra-

---

6. Normalmente as violas têm cinco pares de cordas, mas encontramos violas com três pares e duas triplas e até violas com cinco ordens triplas ou cinco ordens simples. Nas violas de cinco pares, temos os dois primeiros pares em uníssono e os três seguintes, oitavados.

ços diferentes, sendo uns mais longos e outros mais curtos. Basta lembrarmos de um violino que tem o braço pequeno e cordas finas, cordas com baixa calibragem, e dos contrabaixos com o braço mais extenso e cordas grossas.

Ora, como então será possível afinar uma viola que tem no mesmo tamanho de braço cordas grossas e finas? Para isso é necessário que se faça uma compensação de distâncias ao apoiarmos as cordas sobre o tampo do instrumento. Notaremos que algumas cordas ficarão mais recuadas que outras ao se assentarem sobre o cavalete por meio dessas pequenas peças, as quais chamamos de rastilho[7].

Por dentro do tampo[8], na altura do cavalete, há um leque harmônico feito de tiras de madeira que serve para espalhar o som pelo instrumento. As violas brasileiras já apresentam esse

5. Leque instalado na parte interna do tampo do instrumento.

7. Local onde as cordas se assentam no cavalete e este, sobre o tampo do instrumento.
8. Tampo é a madeira da frente do instrumento, por onde correm as cordas. As partes do corpo da viola são: tampo, fundo, laterais, braço e mão, ou cabeça, ou cravelhal, ou, ainda, pá. Aliás uma curiosidade: ao se falar que "fulano é da pá virada", quer dizer que ele não pensa igual a um cristão, pois o alaúde árabe, que, de alguma forma, é o avô da viola, enquanto a mãe seria a guitarra latina, tem a mão, ou pá, inclinada para trás em relação à direção do braço.

leque, mas, em Portugal, faz pouco tempo que alguns fabricantes começaram a colocá-lo na parte interna do tampo.

As violas são instrumentos de origem portuguesa que foram difundidas no Brasil desde o início da colonização empreendida por Portugal pelas mãos de portugueses que aqui vieram viver e também pelo trabalho dos jesuítas, que utilizaram a música como ferramenta catequética ao inserirem textos da liturgia cristã nas melodias e danças dos indígenas.

A viola fixou-se, inicialmente, nos dois principais focos da colonização portuguesa no Brasil, ainda no século XVI, nas regiões Nordeste e Sudeste[9].

Ora, essas violas portuguesas e brasileiras permaneceram praticamente com o mesmo formato durante quatro séculos, mantendo-se muito parecidas umas com as outras. Isso pode ser constatado pela iconografia deixada por viajantes estrangeiros que andaram pelo Brasil nos anos 1800 e por fotografias de duplas da chamada música caipira nas primeiras décadas do século XX.

6. *Festa de Santa Cruz, Carapicuíba, 1913.*
Notem o braço acabando no início do tampo.

9. Conferir nota 14 do ensaio "Viola: Uma História Sonora do Povo", pp. 35 e ss.

7. Foto recolhida do site *Recanto Caipira*, possivelmente da década de 1930.

Algumas Questões

No entanto, a partir do século XX, as violas brasileiras começaram a se modificar rapidamente, diferenciando-se fortemente das suas matrizes portuguesas.

Perguntamos o que teria levado a essas modificações tão intensas? Seria apenas um resultado das diferenciações culturais que foram se aprofundando entre as culturas portuguesa e brasileira a ponto de resultarem na modificação de seus instrumentos? Ou seria possível que a ação performática decorrente das diferenciações culturais e influências musicais externas dos tocadores no Brasil exigisse modificações na construção de algumas partes da viola, de modo a atender suas novas necessidades nas composições e performances? Poderiam as demandas do mercado fonográfico e a exigência de maior qualidade sonora nas gravações requererem um instrumento mais preciso em sua afinação, ou com maior sonoridade, ou, ainda, o aumento de seu braço para melhor tocabilidade? Tendo sido as violas largamente difundidas pela música caipira, seria provável que o mercado fonográfico pudesse ter influenciado nessas modificações em função das experiências organológicas[10] bem-sucedidas, como a que resultou no violão moderno?

Não nos esqueçamos de que, no início do século XX, imigrantes italianos criaram em São Paulo três grandes fábricas de instrumentos musicais (sobretudo de cordofones) que colocaram a luteria no Brasil em consonância com as inovações surgidas no mundo, sobretudo nos EUA, como foi o caso do violão dinâmico nos anos 1930, conforme aponta o pesquisador Hermilson Garcia do Nascimento em *As Cordas Livres de Heraldo do Monte*. As fábricas instaladas em São Paulo foram Del Vecchio, Di Giorgio e Giannini, todas presentes até hoje no mercado musical brasileiro.

Desde 1929, a viola começou a ser divulgada pelos discos e pela posterior radiodifusão da música caipira, música dos camponeses do Sudeste, que sempre teve a viola como seu principal instrumento. Esse gênero tornou-se um dos filões que mais vendeu discos no mercado brasileiro.

No entanto, observamos que a maior parte dessas transformações começaram a acontecer a partir dos anos 1990, quando aqui, no Brasil, a viola começou a ser utilizada por músicos de outros segmentos musicais, sobretudo de searas como o da música instrumental, muito embora, desde o final dos anos 1940, a viola no Brasil já tivesse doze trastes, ou uma oitava, ao longo do braço antes deste chegar ao tampo. Conta ainda com casas adicionais sobre o tampo, conforme podemos observar a foto da década de 1940 da dupla Tonico e Tinoco (fugura 8), ou, antes ainda, na década de 1910, uma viola nas mãos de João Pernambuco (figura 9). Não fica claro se a viola de João Pernambuco

10. Conferir nota n. 64 do ensaio "Viola: Uma História Sonora do Povo", pp. 35 e ss.

8. *Tonico e Tinoco na década de 1940.*

tem dez ou doze cordas. Uma possibilidade, conjectural, claro, é que nos Açores e na Madeira já se utilizassem violas com o braço colocado sobre o tampo, no entanto, não consegui obter essas informações com pesquisadores locais.

A partir dos anos 1970, músicos oriundos de outros segmentos musicais começaram a tocar a viola e trazê-la para os seus nichos de domínio pessoal, onde não era comum notarmos a presença da viola. Como exemplo, podemos citar Renato An-

9. *Foto da década de 1910, na qual João Pernambuco aparece com uma viola. Ele é o segundo da esquerda para a direita. Pubicada no perfil do Instagram do violeiro Caçapa.*

drade, que deu à viola a dimensão de um instrumento de concerto ao apresentar suas composições, com arranjos de Guerra-Peixe, junto a orquestras, ou, antes ainda, em 1962, com a composição de um *Concertino para Viola e Orquestra de Cordas*, feita por Ascendino Theodoro Nogueira e gravada por Antônio Carlos Barbosa Lima. O compositor também escreveu versões de músicas de Bach para a viola, estas últimas executadas por Geraldo Ribeiro. A inserção da viola no Quarteto Novo, tocada por Heraldo do Monte, trouxe o instrumento ao seio da música popular brasileira enquanto um campo consolidado das criações feitas por artistas do eixo Rio-São Paulo-Salvador – sendo o restante da produção musical brasileira tratada como música regional. E também os primeiros discos de viola instrumental de Almir Sater[11] e de Tavinho Moura[12], nos anos 1980, e a ação pontual, porém originalíssima, de Antônio José Madureira junto ao Quinteto Armorial na década de 1970.

11. *Instrumental*, 1986, gravadora Som da Gente.
12. *Caboclo D'Água*, 1989, gravadora Velas.

Perguntamos se teriam sido apenas esses fatores que poderiam apontar as tamanhas diferenças surgidas entre as violas portuguesas e brasileiras? Seria, ainda, possível que transformações culturais ocorridas nos dois países durante o século XX pudessem ter acentuado essas diferenciações baseadas na maneira de pensar e agir de suas populações?

Tendo estado a viola, em ambos os territórios, ligada, sobretudo, aos estratos populares[13], seria viável que, a partir da observação das práticas dessas populações, pudéssemos chegar a algumas pistas, longe de serem estas conclusões cabais sobre o porquê da modificação no âmbito organológico das violas no Brasil?

Enumeraremos, aqui, algumas suposições, e são apenas suposições, de fatores que possam ter levado a um distanciamento tão grande ocorrido na maneira de se construir e, por conseguinte, de se tocar as violas no Brasil e em Portugal.

Nosso primeiro olhar se volta ao modo como se constituíram as abordagens às culturas populares de ambos os países no século XX, pois, com o tempo, acabaram por representar as maneiras como essas populações (re)agiram na relação com as suas expressões musicais e também com o uso de um de seus utensílios musicais, no caso, as violas, presentes nessas manifestações culturais.

Nos anos 1930, ambos os países foram tomados por golpes de Estado – o Brasil em 1930, com Getúlio Vargas, e Portugal em 1933, com António de Oliveira Salazar. Ambos os regimes ditatoriais mantiveram uma postura paternalista e de controle das relações socioculturais nos dois países. Vargas, que se opuse-

---

13. "Ainda que na Portugal quinhentista a viola de mão esteja dispersa por todo o país, só encontramos o instrumento tocado de forma erudita num círculo bastante restrito, ligado quase sempre a corte portuguesa ou a uma casa senhorial" (Manuel Morais, "A Viola de Mão em Portugal", *Nassarre, Revista Aragonesa de Musicologia*, p. 397). Conferir "Viola: Uma História Sonora do Povo", pp. 35 e ss.

ra a uma política ruralista conhecida historicamente como Café com Leite, na qual fazendeiros paulistas e mineiros se revezavam no poder, objetivou valorizar a cultura popular urbana como uma forma de oposição aos governos que o antecederam.

Essa cultura urbana, agora ligada ao proletariado, teve no samba um de seus principais focos de apoio institucional – embora esse mesmo samba também não tenha deixado de se opor à condução política de seu governo[14]. Notemos que, nesse período, o samba era o principal porta-voz das pessoas mais humildes, sobretudo das comunidades negras[15], portando-se como uma expressão cultural em ascensão e com forte representação identitária no Rio de Janeiro e daí para todo o Brasil, em função, sobretudo, da radiofonia, do disco e da importância do Rio de Janeiro como capital federal.

Já Salazar adquiriu o controle das expressões populares ligadas ao campesinato português a partir da atuação junto aos ranchos folclóricos como elementos de representação identitária da cultura portuguesa ante a Europa, posto Portugal ser, nessa época, um país pobre e de pouca expressão internacional ante a consolidação das potências que emergiam após a Primeira Guerra Mundial (1914-1918). A pesquisadora Vera Marques Alves aponta algo importante nessa apropriação da cultura popular realizada por Salazar, para a qual, longe de ser uma política em prol do povo português, o objetivo dessa ação estava mais voltado às elites nacionais e internacionais:

14. Como exemplo, Wilson Batista, que fazia apologia à malandragem em *Lenço no Pescoço* ou na ironia apresentada em *Bonde São Januário*, ao lado de Ataulfo Alves.

15. De maneira geral, a música popular, nesse período, era, em grande parte, um domínio criativo de pessoas pobres, haja vista os compositores de samba dos anos 1930, quase todos negros. Os intérpretes desses sambas eram, sim, brancos e de classe média ou alta.

E, nesse contexto, tem também passado, ao lado de muitos historiadores, fatos tão importantes como a presença constante da elite (nacional e internacional) como público-alvo das iniciativas folcloristas do SPN/SNI (Secretariado de Propagada Nacional / Secretariado Nacional de Informação), aspecto que impõe óbvios limites à ideia de que tais iniciativas são essencialmente uma política para o povo. Se analisarmos cuidadosamente os dados relativos à ação desse organismo, verificamos que a forma como a propaganda se exercia, os seus objetivos e audiências, nem sempre correspondem à ideia simples da propaganda enquanto criação de consensos a nível doméstico. A imagem de Portugal no estrangeiro era uma peça essencial de todo o sistema[16].

O apoio estatal aos ranchos folclóricos contribuiu para a institucionalização das formas de expressão da cultura popular portuguesa, ao passo que, no Brasil, as culturas populares, em grande parte rurais ou ligadas a pequenos agrupamentos nos centros urbanos, ficaram à deriva – como quase sempre estiveram – o que contribuiu para o seu parcial esfacelamento a partir do êxodo rural e posterior crescimento das cidades, ocorrido, sobretudo, na região Sudeste do Brasil, embora notemos, como já afirmara Xidieh[17] que, de alguma forma, numa manutenção

16. Vera Marques Alves, "O SNI e os Ranchos Folclóricos", *Vozes do Povo – A Folclorização em Portugal*, p. 192.

17. Oswaldo Elias Xidieh empreendeu, em 1948, profunda pesquisa sobre o que chamou de manutenção subterrânea de valores, recolhendo, no interior de São Paulo, narrativas populares sobre a passagem de Jesus pela Terra. Ao estudar as dezenas de narrativas recolhidas, percebeu que apenas uma pequena parte delas constava nos Evangelhos canônicos, os da Bíblia. A grande maioria estava presente em Evangelhos apócrifos que sequer haviam sido traduzidos para o português. Essa pesquisa está registrada em seu livro *Narrativas Pias Populares*. Em seu doutoramento nos anos 1970, que deu origem a esse livro, Xidieh, profeticamente, antecipou que, de alguma forma, essas culturas esfaceladas pelo êxodo não desapareceriam, mas, pelo contrário, arrumariam formas de se reestruturarem nas cidades, fato que tem ocorrido desde o final dos anos 1990 em grandes cidades no entorno de São Paulo. Como exemplo, Campinas, que, em 2002, tinha quatro folias de

subterrânea de valores, essas manifestações, pulverizadas a partir do êxodo rural, acabariam por se aglutinarem nas cidades e a se ressignificarem:

> [...] nesse processar, na sociedade brasileira, há uma progressiva imposição dos meios eruditos, civilizados e urbanizados aos meios populares e rústicos, de modo a modificar-lhes a vida sociocultural, substituindo os seus valores e comprometendo-os em novas perspectivas de sociabilidade e cultura. Entretanto, se há observado que, apesar de todo esse processo impositivo, os grupos rústicos resistem e sua cultura encontra meios de permanecer. [...] Há um momento em que um dos grupos concede e acaba por aceitar fórmulas propostas pelo meio socioculturalmente mais poderoso. Mas essa concessão implica o abandono total de seus valores culturais? Tudo está a indicar que não, e podemos admitir que, ao lado de um empobrecimento daqueles valores, de um modo geral, ocorra um revigoramento deles, quando, por acumulação, se adensam em torno de algumas práticas e alguns costumes que encontram possibilidades de permanência. E, condensados nalguma esfera do folclore, irradiando-se dali como formas de explicação e modelo de comportamento, reduzindo ao contexto tradicional as novidades eruditas, ou as coisas, conhecimentos e situações que, de um modo ou de outro, poderiam escapar ao domínio popular[18].

Se repararmos nesses dados do IBGE[19], perceberemos o quão rápida foi a mudança processada no seio da sociedade brasileira em função do êxodo rural, o que contribuiu para uma migração imediata de valores e utensílios ligados às culturas populares ru

Reis formadas nas periferias da cidade. Hoje, são sete companhias andando pela cidade e região. A Secretaria de Cultura de São Bernardo do Campo lançou, nos anos 1990, um disco chamado *Folias nos Campos de São Bernardo*, que reunia alguns grupos presentes na zona urbana, e São José dos Campos tem hoje oito folias de Reis na área urbana.

18. Oswaldo Elias Xidieh, *Narrativas Pias Populares*, pp. 81-82.

19. Instituto Brasileiro de Geografia e Estatística. Captura de tela feita em 21 de junho de 2019, às 16h46.

Figura 10. População residente, por situação de domicílio e por sexo – 1940-1996. Fonte: IBGE.

Anos	Total		Urbana		Rural	
	Homens	Mulheres	Homens	Mulheres	Homens	Mulheres
1940	20.614.088	20.622.227	6.164.473	6.715.709	14.449.615	13.906.518
1950	25.885.001	26.059.396	8.971.163	9.811.728	16.913.838	16.247.668
1960	35.055.457	35.015.000	15.120.390	16.182.644	19.935.067	18.832.356
1970	46.331.343	46.807.694	25.227.825	26.857.159	21.103.518	19.950.535
1980	59.123.361	59.879.345	39.228.040	41.208.369	19.895.321	18.670.976
1991	72.485.122	74.340.353	53.854.256	57.136.734	18.630.866	17.203.619
1996	77.442.865	79.627.298	59.716.389	63.360.442	17.726.476	16.266.856

População Presente

Bibliografia:

- Estatísticas Históricas do Brasil/volume 3 - Rio de Janeiro: IBGE, 1987;
- Anuário Estatístico do Brasil/IBGE - Rio de Janeiro, volume 56, 1996;
- Contagem da População 1996/ Rio de Janeiro:IBGE, 1997,volume 1

Fonte: IBGE.

rais para dentro das grandes cidades. Notamos que, com isso, não houve um tempo de diluição necessário para que essas manifestações se transformassem a ponto de mitigarem e desaparecerem, pois, como afirma o próprio Florestan Fernandes[20], a manutenção desses valores em São Paulo funcionou como um oásis "semirrural" dos migrantes na cidade grande, um campo onde podiam beber e nutrir-se nessas fontes que lhes reforçavam os valores de vida, além de irrigar suas memórias e raízes.

Em Portugal, essa institucionalização do folclore acabou por fixar formas predefinidas nas manifestações populares que as tornaram mais ligadas às suas expressões visuais e formais que propriamente às essências que as moldaram enquanto o resultado de um conjunto de crenças e percepções cotidianas, que, doravante, chamaremos de "conteúdo", em antecipação à maneira como se apresentam, que chamaremos de "forma", tal qual sua teatralização ou coreografia. Assim, num estado essencial de expressão cultural de um determinado povo a partir de um rito, de uma festa, um conteúdo geraria a maneira como esta forma se expressaria. Diante dessa situação, o fato de não haver uniformes ou não ter um instrumento desejado em nada poderia comprometer a realização das cerimônias.

Ao observarmos, por exemplo, uma Folia de Reis no Brasil, possivelmente originária das Janeiras portuguesas, quase sempre proveniente de regiões rurais e agora presente nas cidades nas quais essa cultura começa a se reorganizar a partir dos encontros ocorridos entre os seus participantes, a maneira como se vestirão ou se organizarão quanto aos instrumentos musicais presentes não é determinante na sua apresentação. A verdadeira relevância se relaciona a um conjunto de crenças e devoções já existentes que devem ser celebradas independentemente da forma como serão

20. Florestan Fernandes, *Folclore e Mudança Social na Cidade de São Paulo*, 1979.

apresentadas. Ter ou não ter um uniforme ou determinado instrumento é irrelevante diante da necessidade de se anunciar o retorno do Deus Menino pela celebração de seu nascimento, por meio do qual, acredita-se, o mundo se renovará em fartura e bondades[21].

A cultura popular é semovente e visa, em parte, dar respostas às situações que, de uma forma ou de outra, interagem com as populações ligadas a ela. O mercado fonográfico, visando um alto lucro, inventa, a cada momento, um novo gênero coreográfico-musical, aberração financista que é criticada pelos próprios participantes dessas expressões culturais[22].

Já nos ranchos folclóricos portugueses, o cuidado com a performance reforçou uma atenção maior à forma, de maneira que esta acabou se distanciando dos conteúdos que algum dia a criaram. Mesmo em regiões como o Alentejo, que ainda mantém, em alguns locais, o cotidiano voltado às práticas de plantio, colheita e trato com os animais, notamos que as vestimentas e a representação coreográfica ainda são determinantes na sua realização. Em entrevista a nós concedida, Alfredo Machado, construtor de instrumentos da terceira geração de uma família de construtores que se iniciou com seu avô, Domingos Manuel Machado, de Tebosa, Braga, relata:

A preservação patrimonial, enquanto um respeito ético à cultura de um povo, exige que as representações das manifestações dos ranchos

21. Notemos que me refiro, aqui, não a todas as manifestações ditas folclóricas existentes no Brasil, como as danças dramáticas, pois normalmente dependem de vestimentas, mas nada impede que saiam em cortejo caso falte algum elemento de vestuário ou coreográfico, ou seja, o que move essas manifestações no Brasil é ainda uma fé profunda, ficando a sua representação (forma, performance) na posição apenas de um acessório no momento da celebração.

22. Vale assistir à declamação do palhaço de folia Marquinho Miracema em youtube.com/watch?v=PCxC7NLg1. Observar a fala dele a partir dos quinze minutos.

folclóricos sejam o mais parecidas possível com a maneira que eram representadas em épocas anteriores[23].

Aqui, nos surge uma questão importante na construção de todo o pensamento português relacionado à cultura popular: como e o quê foram essas épocas anteriores a que se refere Alfredo Machado? Quais seriam as suas referências senão os ranchos folclóricos institucionalizados por Salazar?

Notemos que a tradição se reinventa a cada instante e, hoje, em Portugal, as referências "folclóricas" de como era antigamente foram cristalizadas a partir das ações impetradas pelo Estado Novo português[24]. Já nos grupos folclóricos do Brasil, não ligados às danças dramáticas, o culto à tradição é renovado mediante as circunstâncias que ora se lhes apresentam.

Fica-nos perceptível que essa institucionalização pode ter promovido um engessamento dessas expressões culturais, que, no afã de preservarem a forma, passaram a dar cada vez menos importância ao conteúdo que outrora as criaram, originando, aí, uma ruptura que as fizeram ser mais uma teatralização das manifestações folclóricas antes existentes que propriamente uma representação ritual de um conjunto de percepções e crenças.

A patrimonialização da cultura na Europa deu-se em diversos âmbitos no sentido de preservá-la como uma representação identitária dos povos e países em decorrência do crescimento econômico, da industrialização e da mudança dos costumes.

---

23. Entrevista concedida em Caminha, Portugal, em 2019, a nós pesquisadores do projeto AtlaS.

24. Salazar instituiu a prática, com o apoio do Estado, de vivenciarem o que seria uma aldeia portuguesa no século XIX. Curioso pensarmos que não havia uma forma de documento que pudesse estabelecer com veracidade como seria viver numa aldeia do século XIX a não ser a partir de registros escritos, gravuras e a busca da memória dos mais velhos. Perguntamos se isso seria o suficiente para sabermos com exatidão como pensavam e quais eram os afetos que guiavam o pensamento coletivo naquele momento imaginado e distante?

Também na preservação do patrimônio histórico e da música chamada erudita como um patrimônio imaterial, pois

[...] o capitalismo avançado consome e desagrega valores conquistados pela práxis coletiva. Não é capaz de inserir o passado no presente e muito menos de resguardar sonhos para o futuro. Esvaziando o trabalho de significação humana, ele esvazia o sentido das lembranças e aspirações[25].

Notemos que este último valor, o do patrimônio imaterial acima citado, é cultivado de maneira tão grandiloquente que fica quase inconcebível executar essa produção musical diferentemente da maneira como ela foi escrita. E é importante notarmos que, durante o período das composições de Haydn, Mozart, Bach ou Beethoven, era comum se adaptarem as obras mediante a carência de um ou outro instrumento, como alguns pesquisadores inferem que possa ter acontecido no Brasil com a utilização da viola de dez cordas na falta do cravo, como contínuo[26].

Se há um esforço notável na tentativa de reprodução, com detalhes, dessas músicas dos períodos da Renascença ao Romantismo, havemos de pensar que pode existir a impossibilidade de reproduzi-la na sua integridade porque somos pessoas de uma época diferente e nos é quase impossível pensarmos e agirmos como uma pessoa dos séculos XVII, XVIII ou XIX. "A representação de qualquer coisa é a criação de outra coisa", afirma o cineasta João Moreira Salles[27]. Voltamos aqui às vivências aldeãs do século XIX criadas por Salazar.

Também veremos, se buscarmos por momentos mais próximos à gênese desses ritos no Brasil, que o saber erudito passou

---

25. Ecléa Bosi, *Memória e Sociedade – História de Velhos*, p. 26.
26. Instrumento acompanhador.
27. "A Dificuldade do Documentário", *O Imaginário e o Poético nas Ciências Sociais*, p. 67.

longe da construção do Brasil Colônia, tendo o povo mantido sua história a partir da transmissão pelas vias orais, aurais, corporais e visuais. Já citamos no ensaio anterior o quão tarde foram criadas as universidades brasileiras. Uma imensa parte da população de brasileiros sempre foi, historicamente, não grafocêntrica, pouco ou nada utilizando de domínio das áreas da leitura ou da escrita em seu cotidiano. O saber por aqui andou de maneira oral e viveu em constante transformação, variando de acordo com o grupo, com as situações, com o local e com as inúmeras relações humanas que se processavam nas trocas, no trabalho, no cotidiano, e não de forma unívoca, conforme a direção normalmente dada pelo livro. Nossa multiculturalidade é manifesta na ideia de que quem definiu o perfil do colonizador, por todo o território brasileiro, foram as diversas populações indígenas e afrodiaspóricas presentes nos locais onde a cultura do dominador chegava[28].

Ainda sobre o saber oral, Adolfo Colombres afirma que:

El relato oral es móvil, lo que impide su esclerosamiento. A diferencia del libro no caduca: se transforma. Es um médio de transmisión de conocimientos que en mayor o menor grado vehicula una carga subjetiva, la que incluye los fermentos que permitieron al mito cambiar de máscara, responder a las nuevas situaciones[29].

Se a celebração das manifestações culturais, sendo institucionalizadas, podem ter engessado as expressões do folclore em Portugal, no Brasil a falta de institucionalização ou de apoios governamentais a esse segmento da cultura deixaram essas manifestações à deriva, de modo que sobreviveram por conta pró-

---

28. Aqui, mais uma vez, a ideia de Marshall Sahlins de que os efeitos específicos das forças que se pretendem hegemônicas dependem diretamente da maneira como serão mediadas em esquemas culturais locais.

29. Adolfo Colombres, "Palabra y Artifício: Las Literaturas 'Bárbaras'", *América Latina, Palavra, Literatura e Cultura*, p. 139.

pria ao longo dos tempos, trabalhando dentro do parco limite de seus recursos financeiros, que eram provenientes, em grande parte, de pequenas doações. Isso deu-lhes uma liberdade de não fixarem suas formas, fazendo-as depender integralmente da maneira como respondiam às situações que lhes eram apresentadas.

No caso de muitas expressões culturais no Brasil não ligadas às danças dramáticas, como os tambus, folias de Reis, de São Sebastião, de São Benedito e do Divino, os batuques mineiros, as danças de São Gonçalo, dentre muitas outras, os agrupamentos podem ser amorfos, não dependendo estritamente de um número determinado de pessoas ou de um instrumento específico, e o ingresso das pessoas e dos devotos é, de maneira geral, livre ou com o consentimento quase sempre generoso do mestre.

Já nos ranchos folclóricos portugueses, por trabalharem com formações coreográficas predeterminadas, com uma quantidade definida de pessoas envolvidas no ato e com figurinos específicos, houve uma restrição à possibilidade de improvisação, tal qual uma peça de teatro já ensaiada ao ser encenada.

Diante dessas circunstâncias, as violas e outros instrumentos musicais portugueses, como parte dessas manifestações coreográficas, acabaram por ser cristalizados e musealizados em suas formas e usos, tais quais as próprias manifestações. Foi o que constatei na nossa pesquisa em Portugal, ao entrevistarmos construtores e músicos, sendo raro, mas não impossível, encontrarmos um músico ou construtor de maior projeção que ousasse contrariar essas normas, mesmo sendo criticados pelos "caminhos" por onde estavam levando as formas de construção e uso desses instrumentos quando arriscavam a fazê-los de forma diferente da tradicional[30].

30. É certo que, após a ação por nós empreendida de criação de um fórum virtual, no qual esses tocadores pudessem semanalmente se encontrar e apresentar seus trabalhos, outros tocadores, que não se mostravam por serem con-

Como criar algo diferente quando toda representação cultural relacionada a determinado instrumento aponta para a preservação quase museológica do próprio instrumento? O Sr. Carlos, um representante de vendas da APC Instrumentos[31], em conversa informal, respondendo a uma minha indagação no II Encontro da Avibra (Associação da Viola Braguesa), em 2019, sobre o porquê de se manterem as violas em meia-regra, ou seja, com dez trastes no braço, falou-me sobre a dificuldade em inovar características nos instrumentos em Portugal. Disse-me:

> Você não imagina o quanto é difícil mudar alguma coisa nas violas e nos cavaquinhos aqui em Portugal. Uma vez colocamos o traste zero[32] no cavaquinho e um lojista nos chamou após uns dias dizendo que as pessoas olhavam e comentavam: "Por que há este traste aqui no início do braço? Devem ter colocado porque estava com defeito. Não compro este, não!" Somos uma civilização muito antiga e agora muito presa às tradições e mudar algo neste âmbito requer primeiro uma abordagem e treinamento junto aos lojistas para que eles saibam explicar para os clientes os porquês das mudanças.

Apenas alguns raros construtores como o Sr. Daniel Luz, de Odemira, responderam positivamente às modificações adicionadas aos instrumentos tradicionais, alegando que ele construía conforme o gosto e a necessidade de seus clientes.

A Artimúsica, fábrica de cordofones situada em Braga, Portugal, dirigida por Nilsa Alves e Filipa Alves, foi quem deu

traventores das regras impostas, sentiram-se mais à vontade para se expor diante do grupo.

31. Possivelmente a maior fábrica de cordofones da Europa, situada em Braga. Segundo seu proprietário, António Pinto de Carvalho, são produzidos mensalmente cerca de 1500 cordofones dos mais variados tipos. Entrevista concedida ao Projeto AtlaS em 2021.

32. Traste zero seria uma barra, ou traste, colocado logo onde começa o braço do cordofone.

abertura à minha sugestão de criarmos uma viola braguesa que atendesse às novas demandas performáticas dos músicos. Esse acontecimento foi registrado em vídeo pelo Projeto AtlaS, e a nova viola foi chamada de braguesa acaipirada. O sucesso desse projeto motivou a Artimúsica a estender esse novo conceito a todos os sete tipos de violas portuguesas produzidas pela fábrica – ou oficina, como elas insistem em se reconhecer[33].

Daria para pensar que, na Europa, com tanta história vivida e tradições construídas, manter a tradição passaria também por uma questão identitária de valorização e diferenciação da própria cultura ante os países e povos vizinhos? Penso que sim.

Essa institucionalização das formas em detrimento de seus conteúdos pode ter acabado por exigir uma não abertura à modificação dos instrumentos no que se refere a sua construção, o que, possivelmente, restringiu as possibilidades de performance devido às limitações técnicas oferecidas pelos instrumentos agora musealizados, conforme constatei nos registros de gravações que fizemos por todo o país e arquipélagos.

O perigo ameaça tanto a existência da tradição como os que a recebem. Para ambos, o perigo é o mesmo: entregar-se às classes dominantes, como seu instrumento. Em cada época, é preciso arrancar a tradição ao conformismo, que quer apoderar-se dela[34].

E essa guerra nunca acaba.

A prática cultural das populações pobres do Brasil, que são, visivelmente, as detentoras das expressões contidas numa miríade de manifestações que entendemos por cultura popular, sempre esteve associada a uma carência de recursos, o que resul-

---

33. Discorro mais detalhadamente sobre o Projeto AtlaS e a criação da viola braguesa acaipirada no relato "Da Prática, a Teoria", presente neste livro.
34. Walter Benjamin, *Obras Escolhidas: Magia e Técnica, Arte e Política*, p. 224.

tou em vários processos de adaptação dos meios materiais para a realização das suas manifestações. Ainda encontramos violas feitas com lata no lugar do bojo de madeira, violas de buriti no Cerrado, onde a utilização da madeira porosa de uma palmeira vira viola, viola de cabaça, tal qual foi relatada como a viola construída pelo próprio Gregório de Mattos Guerra[35].

Essa prática de adaptar e recriar é também encontrada no processo de transmissão oral nas festas populares. Uma criança pode participar dos festejos com seu instrumento, sem, no entanto, tocá-lo da maneira adequada e/ou esperada. Na medida em que cresce, assimila não só o aprendizado do instrumento, mas de todos os procedimentos que o cercam. Quando adolesce, esse jovem toca tudo o que aprendeu na tradição, mas sempre inovando, buscando saídas rítmico-sonoras que a estrutura musical com a qual trabalha permite, porém sem descaracterizá-la. A esse processo de assimilação e recriação, demos o nome de imitação criativa[36].

Essa maneira de se olhar para a própria cultura e seus bens, materiais ou não, propicia uma atitude conforme a qual talvez o interessante seja o fazer diferente, pois a tradição é algo que deve ser respeitado, mas também adaptado e atualizado à realidade presente, para poder continuar dando respostas à comunidade sobre as épocas que se sucedem e que sempre estão mudando.

35. Foi advogado do Vaticano junto a Portugal. No Brasil, trabalhou como advogado e poeta, tendo construído sua própria viola de cabaça que, segundo se narra, levou junto em seu degredo em Angola. Atualmente, Levi Ramiro, compositor, violeiro e *luthier*, tem construído violas de cabaça destinadas à alta performance. Essas violas têm sido utilizadas por músicos de grande envergadura, como Fabrício Conde, João Arruda e Ricardo Vignini.

36. Fato recorrente que observei durante décadas em minhas pesquisas sobre o congado no sul de Minas Gerais, desde os anos 1980. Essa característica, no fundo, pode ser aberta à toda forma de aprendizado oral/aural/corporal no Brasil, inclusive no campo da música popular brasileira.

Vemos, neste caso, em Portugal e no Brasil, dois conceitos absolutamente distintos, quase que opostos, para o uso da palavra tradição. Tradição em Portugal me foi definida por alguns dos entrevistados como uma raiz que precisa ser respeitada para ser preservada e, no Brasil, tradição é uma árvore que precisa dar frutos, mesmo que esses frutos caiam longe da árvore. Seria mais a preservação de algo que vive e se desdobra que o culto a uma representação do passado, já morto.

Surge aqui outra questão: um país ou povo, quando envelhece, tende a engessar suas manifestações na medida em que vai patrimonializando a sua história, os seus monumentos e seus fazeres? Após o seu registro e constituição, os acervos tenderiam a ficar mais rígidos, como atestados absolutos de uma existência pregressa e agora também determinante da atual?

Por Dentro da Festa

Talvez a narrativa de uma vivência que tivemos numa festa de congado possa esclarecer melhor essas dinâmicas culturais a partir de suas perspectivas locais.

Numa viagem de pesquisa em campo, em 1991, acompanhando um congado em Natércia, uma pequena cidade no sul de Minas Gerais, pude entrevistar o mestre, também chamado de capitão do congado, Sr. Benedito Juvenal, conhecido por todos como Dito Vená. Sua guarda de congado tinha vários tipos de instrumentos melódicos e harmônicos além dos tambores. Havia crianças e mulheres participando do grupo, o que não era, para a época, muito comum. Há congados que não aceitam nada além dos tambores. Seu Dito já contava com setenta e seis anos de idade e dirigia o grupo há cinquenta e cinco anos, pois quando o mestre anterior morreu, ele era jovem e teve, por obrigação, que assumir o grupo.

Notando a diferenciação de seu grupo por ter instrumentos diversos – todos os que houvesse no local –, além de mulheres e criancinhas, perguntei:

– Seu Dito, o que é que o senhor acha desses grupos de congado que não têm só tambores, mas misturam de tudo? – eu fazia essa pergunta para provocá-lo por ser assim o seu grupo. Ele me respondeu:

– Olha, meu filho, eu acho muito bom esses grupos que misturam tudo, pois o congado espelha o mundo e se o mundo muda, o congado também precisa mudar para continuar representando o mundo em que vivemos. Eu colocaria até um "pianinho de pia" [pianinho de pilha, se referindo a um teclado elétrico], e eu não pus ainda porque não encontrei.

Na sua visão de cultura popular, seu Dito se aproxima do olhar antropológico e se distancia do olhar museológico presente em Portugal, onde a cultura tradicional deve somente representar o passado, pois, para ele, a cultura popular necessita, permanentemente, dar respostas às indagações cotidianas da sua vida e da vida de sua comunidade.

Dessa forma, nos surge a possibilidade viva de as coisas poderem ser adaptadas para darem resposta ao tempo em que vivem. Modificar um instrumento passa a ser uma necessidade para se cumprir um objetivo maior que é manifestar a sua crença em forma de canto ou dança – aliás, canto e dança na cultura popular dificilmente andam separados –, com o conteúdo determinando a forma e nunca o contrário.

As primeiras violas utilizadas por solistas que começaram a ser tocadas fora do âmbito da música caipira já possuíam uma escala que adentrava sobre o tampo, mas ainda padeciam de um problema crônico de afinação. Tanto que se dizia que "viola não se afina, se tempera" ou que "o tocador passa a metade da vida afinando a sua viola e a outra metade tocando com ela desafinada".

HISTÓRIA E CULTURA NO SOM DA VIOLA

Uma corda de pequeno calibre não vai permanecer afinada junto à corda grossa de seu par ao longo de todo o braço do instrumento, pois um instrumento de cordas duplas que tem cordas grossas e finas, graves e agudas, correndo juntas pelo mesmo braço necessita ter compensações que o façam afinar, ou, no mínimo, se aproximar da afinação exata[37] exigida pela nossa cultura[38]. No caso da viola, no rastilho do instrumento devem ser feitas pequenas compensações relativas ao comprimento da corda[39], espessura e tensão, para que as cordas graves e agudas, juntas no mesmo par, possam, minimamente, ficarem afinadas. E isso já se tornou uma condição *sine qua non* para os tocadores de alta performance, ou seja, músicos que exigem e exploram o instrumento como um todo e em todas as suas possibilidades.

Atualmente vários desses músicos começaram a usar a escala ainda mais elevada sobre o tampo para diminuir a ação de dobramento (flexão) do punho da mão esquerda quando este avança para além da décima-segunda casa, adentrando junto ao corpo do instrumento.

Voltando à Tradição

Como já citarei mais à frente neste livro, Chartier afirma que a história do Ocidente é a história da escrita[40]. Essa perspectiva nos parece etnocêntrica e revela um desconhecimento de que

---

37. É por isso, como já citamos, que um violino, que é agudo, possui um braço curto e cordas finas e um contrabaixo, que é grave, tem um braço longo e cordas grossas.

38. Povos diferentes dividem o espectro sonoro em partes distintas. O Ocidente, em 12 partes, a Índia, em 22, alguns povos árabes, em 37.

39. Os portugueses chamam tiro da corda, que seria a sua extensão desde que sai pelo braço do instrumento até o cavalete.

40. Roger Chartier, *Cultura Escrita, Literatura e História: Conversas de Roger Chartier com Carlos Aguirre Anaya, Jesús Anaya Rosique, Daniel Goldin e Antonio Saborit.*

no Ocidente também estão os países da América do Sul, dentre os quais o Brasil, no qual a história do país e de seu povo certamente não é aquela relatada pelos livros, quase todos escritos pela elite que sempre olhou apenas a si própria, construindo uma narrativa à base de apagamentos dos outros estratos culturais, além de nunca ter tido, em nenhum momento, o pensamento nem o conceito de que o poder que detinham era para representar e enriquecer a nação como um todo.

Países como o Brasil foram construídos, até às raias do século XX, pelo saber oral, como nos mostrará Florestan Fernandes no próximo capítulo. A preservação patrimonial enquanto "ideia de um povo", conforme citou Alfredo Machado, seria como uma condição de respeito ético, fruto de uma suposta imutabilidade sonhada por Salazar, o que só fez congelar em formas predefinidas as expressões ligadas ao universo cultural, de fabricantes e tocadores a ouvintes. Isso certamente não dá margem e até dificulta as inovações e mudanças que possam ocorrer numa constante busca de aprimorar um instrumento musical que há tantos séculos resiste, vivo, nas mãos das pessoas, soando, como é o caso da viola.

Não seria mais razoável se conservássemos as formas antigas, mas sempre abrindo possibilidades de também readaptá-las às novas necessidades performáticas dos músicos e da música? Ambas as violas podem conviver num mesmo espaço e tempo.

Perguntamo-nos se um instrumento não deveria estar ao serviço da música, pois, dessa outra maneira exposta acima por Alfredo Machado, que, de certa forma, reflete um pensamento recorrente em Portugal, o instrumento passa a pertencer a um nicho como uma determinada reserva de tradição[41].

41. O professor e pesquisador José Roberto Zan utiliza essa expressão como definidora de um nicho de mercado e também como uma prática de muitos num mesmo caminho.

O mesmo ocorre no Brasil, onde os tocadores de música caipira ainda resistem em aceitar a viola tocando outro tipo de música que não a caipira gravada dos anos 1930 até 1970. É curioso que eles não se lembrem de que, ao mesmo tempo em que foi caipira e rural no espaço aberto pelos paulistas, outrora chamada Paulistânia, a viola foi urbana e tocadora de outros gêneros musicais, como coplas, mazurcas, modinhas, polcas, lundus, valsas, *schottischs*, cocos, bambelôs, sambas de roda, repentes e todo o mais que se precisasse onde ela estivesse presente. Essa busca de mitos de origem e de pureza normalmente não nos leva a lugar algum. Acreditamos que entender os processos de transculturação que se deram seja mais frutífero.

Observando os caminhos tomados pela viola nos dois países, perguntamos se seria possível a viola ter tido o seu desenvolvimento historicamente ligado a recortes culturais específicos? A prática da viola no Brasil está a mostrar que sim. Fato é que a viola brasileira ficou diferente das violas portuguesas. Sua estrutura foi adaptada para criar condições de melhor tocabilidade e responder, com isso, aos mais altos níveis performáticos exigidos. Todas essas mudanças podem ter acontecido também como uma resposta às demandas do mercado fonográfico, pois sabemos historicamente que ele, junto à radiofonia, orientaram fortemente os acontecimentos musicais no Brasil.

Poderia a diversidade musical e rítmica da MPB também ter ajudado os tocadores a expandirem a sua técnica, sobretudo da mão direita, incorporando elementos do universo rítmico dos instrumentos percussivos e da técnica violonística? Nossos estudos sobre as primeiras gravações de música caipira nos mostraram que a diversidade rítmica presente nessa música deu-se a partir do momento em que duplas caipiras vindas dos diversos interiores foram trazendo o seu quinhão de contribuição cultural e musical, pois, nas primeiras gravações, encontramos prioritariamente quatro ritmos presentes, o cateretê, o cururu, a toada e o maxixe, considerando que a moda de viola, enquanto narrativa de um romance, seguia a prosódia de seus cantadores e não um ritmo determinado.

Fica-nos aqui uma série de indagações pelas quais podemos aprisionar ou dar asas a um instrumento que insiste em se manter vivo há aproximadamente setecentos anos. De nossa parte, desejamos fortemente que tudo o que tem raízes possa também ter asas.

A CULTURA COMO BOI DE GUIA

Sempre nos é muito fácil lembrar de escritores europeus, quer sejam franceses, ingleses ou alemães, mas torna-se extremamente difícil nos lembrarmos de escritores oriundos da Bolívia, do Paraguai, da Costa do Marfim ou mesmo da Colômbia.

Pergunto, primeiramente, se isso não denotaria uma educação etnocêntrica à qual fomos e ainda somos iniciados, embora a combatamos sistematicamente em nossas ideias e textos? Curioso é que a reproduzimos o tempo todo em nossos discursos e julgamentos.

Por vivermos em um país que se manifesta, antes de qualquer outra coisa, a partir da multiculturalidade, esse olhar etnocêntrico no qual fomos educados acaba por emergir, muitas vezes sem o percebermos, em nossas atitudes ou pensamentos. Isso aponta para um desvio etnocêntrico de construirmos nossa formação de maneira parcial, não percebendo o todo e sempre pensando na visão da totalidade do mundo a partir de uma parte que nos foi ensinada como a referencial.

Se nos voltarmos à ideia que nos foi passada sobre o que vem a ser a MPB (Música Popular Brasileira) e a música regional, temos diante de nós um impasse. Parece que tudo o que está fora do eixo da produção musical do Rio de Janeiro, de São Paulo e de Salvador foi colocado numa caixa à qual damos o nome de música regional, não importando o gênero, o estilo, os ritmos, nem a instrumentação, nem o caráter.

É certo que nos últimos 150 anos a produção mais intensiva da música popular urbana se deu no Rio de Janeiro, que, antes de todas as outras regiões do Brasil, aglutinou em seu *locus* os processos resultantes de inúmeros encontros multiculturais. A partir dos anos 1910, essa produção musical foi amparada pela indústria do disco, já nos anos 1930, pela radiofonia e pela política de valorização das culturas populares urbanas presentes no governo de Getúlio Vargas[1], e quanto a isto não há nenhuma ressalva ou questionamento. Lembremos que, desde 1763, o Rio de Janeiro passou a ser a capital da Colônia, depois a capital do Império e posteriormente a da República, até o ano de 1960.

Porém, se olharmos para a maneira como se fixaram as expressões musicais no mercado fonográfico e no gosto das classes consumidoras de música, notaremos que todo cânone vem sucedido por esquecimentos contemporâneos àquele, ou seja, sempre que canonizamos algo estamos, ao mesmo tempo, nos esquecendo de outro algo contemporâneo ao cânone.

---

1. Vargas fortaleceu sua política em antagonismo à política ruralista que o antecedera, chamada Café com Leite. Assim, valorizando a cultura do proletariado e valores voltados às culturas populares urbanas, como o samba, dentre outras ações, acabou por promover um aquecimento do mercado de difusão da música popular.

E certamente assistimos à canonização da produção musical do Rio de Janeiro como a expressão da autêntica música popular brasileira.

Uma analogia com essa situação pode nos ser desenhada se pensarmos em nossa horta. Quando a mostramos para outra pessoa, damos nomes a tudo o que conhecemos, e ao que não conhecemos, chamamos mato. E quando nomeamos alguma planta apenas como mato, deixamos de jogar luz sobre ela, de estudá-la, de entendê-la, incorrendo no deslize de não percebermos a possibilidade de que nela possa haver riquezas e peculiaridades únicas.

Essa percepção surgiu a mim no momento em que fui contratado para dar aulas de viola brasileira na Escola de Comunicações e Artes da Universidade de São Paulo, claro, após prestar o concurso a uma vaga recém-aberta para o bacharelado[2] desse instrumento. Vale lembrarmos que a viola é um instrumento surgido, muito provavelmente, entre os séculos xiv e xv, pois seus registros escritos datam da metade do século xv[3], e é ainda hoje largamente utilizada no Brasil, onde vem acompanhando as inovações organológicas dos instrumentos de cordas dedilhadas, sobretudo nos séculos xx e xxi.

Foi curioso para mim constatar que esse instrumento tão popular no Brasil não encontrava nenhum ponto de adesão ao ensino musical presente na universidade à qual agora eu pertencia. Talvez aí pudéssemos buscar, na perspectiva de Henri Lefebvre citada por José de Souza Martins, a ideia de que um problema, mais do que ser um problema, pode ser o indicador de uma falha

2. As palavras licenciatura e bacharelado têm sentidos contrários no Brasil e em Portugal no que se refere à formação acadêmica.
3. Expressões e utensílios presentes nas culturas populares dificilmente surgem da noite para o dia. Normalmente são frutos de um adensamento cultural proveniente de práticas coletivas que vão se efetivando lentamente. Para ter sido registrada como um instrumento já popular na metade do século xv, é muito provável que a viola já vinha sendo tocada há décadas.

na estrutura que o comporta[4]. Aqui, perguntamos se é realmente sensato termos um ensino musical no Brasil que não consiga estabelecer nenhuma forma de diálogo e contato com as culturas que o cercam? Pois isso tem ocorrido permanentemente em diversos conservatórios e faculdades de música, país afora, país adentro.

Esse olhar etnocêntrico aplicado ao ensino musical acaba por nos conduzir a uma mirada canônica calcada, sobretudo, no universo do saber escrito e o que percebemos é que o que não nos chega pelo universo da escrita dificilmente passa a existir no âmbito do mundo dos estudos acadêmicos; embora haja agora uma intenção explícita, em algumas áreas do conhecimento, de se trazer o saber da experiência para o contexto, mais dos cursos que das grades curriculares.

Outro desvio comumente se dá ao estudarmos e pesquisarmos objetos e situações que não pertencem ao mundo da escrita utilizando lentes oriundas desse saber escrito para analisá-las. Como podemos olhar uma cultura a partir de uma lente de outra cultura? Que validade isso teria a não ser a distorção obtida a partir de um olhar etnocêntrico e enviesado?

Se estabelecermos a ideia de que vivemos num país multicultural, seremos obrigados a notar que nosso olhar para o mundo deverá sempre ser horizontal e nunca verticalizado, no qual alguns elementos acabam por ser eleitos como mais importantes do que outros, o que, possivelmente, possa ter se dado de forma histórica na busca da construção de um caráter nacional em diversas frentes no Brasil[5].

---

4. Utilizo a concepção de acontecimento analisador-revelador no sentido que lhe dá Lefebvre analisando crises de outras dimensões: "Se é sempre conveniente analisar a crise [...] é preciso igualmente considerar essa mesma crise como analisador do mundo atual: esta modificação metodológica transforma o horizonte e o curso do pensamento" (Henri Lefebvre, *apud* José de Souza Martins, *A Aparição do Demônio na Fábrica*, p. 142).

5. Antonio Candido percebeu na obra de Machado de Assis o início da litera-

A CULTURA COMO BOI DE GUIA

Mas, como sempre fomos submetidos a esse olhar etnocêntrico em nosso sistema de ensino, não seria razoável notarmos que o que resulta disso são olhares enviesados segundo os quais vivemos repetindo jargões como a "grande música orquestral", que sempre deve estar sobreposta, e sufocando o entendimento que poderíamos ter sobre as inúmeras manifestações tratadas então como "pequenas músicas"?

Temos notado no meio acadêmico, nos últimos anos, o surgir de uma ideia de que precisamos abrasileirar as grades curriculares do ensino no Brasil, mas isso sempre se apresenta como algo distante e como um passo quase impossível de ser dado e nunca nos perguntamos sobre o porquê dessa dificuldade.

Essa imensa incapacidade de sistematizarmos o nosso saber oral na forma de saber escrito não poderia estar ligada à nossa imaturidade em lidarmos com o saber escrito, posto este ter demorado muito para se tornar um hábito comum no Brasil, pois só veio a fazer parte do cotidiano do país após o advento da República e efetivamente mais adiante ainda, somente no século xx? À frente, trataremos mais dessa questão.

Falamos muito em adaptar os nossos currículos de música às nossas realidades, mas talvez antes fosse necessário nos atermos às gêneses que criaram as nossas culturas populares, digo, nos atermos aos processos e não somente aos resultados – a

tura brasileira desvinculada, então, da literatura portuguesa, inaugurando aí uma literatura nacional que se posicionou como referencial ante as outras frentes literárias locais que surgiram. Caio Prado Júnior buscou o entendimento das transformações econômicas no Brasil na busca de um caráter nacional baseado na grande produção agrícola. De alguma forma, Mário de Andrade buscou no folclore elementos para construir uma música erudita nacional. Dante Moreira Leite escreveu sobre o caráter nacional brasileiro. Fica-nos visível o protagonismo de uma elite intelectual que se percebia como a criadora de um conceito de nação ante todo o resto, regional. A própria música popular se construiu a partir de uma visão na qual a produção do que viria a ser tratado como nacional era oriunda do Rio de Janeiro.

125

festa em si –, como normalmente fazemos, pois muitas vezes isso dá ao nosso objeto de estudo um certo ar de exotismo, como se aquilo não nos pertencesse como manifestação das nossas culturas. E, na realidade, essas manifestações populares foram geradas a partir de um acúmulo de experiências sobrepostas num espaço-tempo histórico. Assim, sugiro que talvez seja necessário nos voltarmos aos processos socio-históricos de criação das nossas culturas e não apenas aos resultados manifestos por esse conjunto de crenças que geram essas celebrações.

A definição do que venha a ser um fato folclórico pode nos dar uma pista sobre este fato se tratar de um acúmulo de crenças que, num dado momento, são manifestas como uma celebração que pode ser cantada, dançada, com vestimentas, alegorias etc., sendo essa celebração sempre um resultado da visão cosmológica do povo que a manifesta. Como exemplo, podemos citar as folias de Reis que percorreram a Península Ibérica e a França desde o século XIII e ainda hoje são muito presentes no Brasil, sobretudo nas regiões Sudeste e Centro-Oeste. Ao acompanhá--las, notamos que são crenças muito fundas as que movem as pessoas a doarem o seu tempo de vida para celebrarem a cada ano o advento do Deus Menino como um ato de esperança na renovação da fartura, da bondade e da solidariedade entre os povos. E, para eles, durante o rito, não é tão importante se estão uniformizados ou não, tornando esse quesito das vestimentas muitas vezes irrelevante ante a necessidade e a premência de sua efetivação[6].

Um caminho que, em parte, pode nos elucidar a origem das nossas culturas populares se localiza na entrada do saber escrito no Brasil. Não o tratarei por saber erudito, como normalmente

---

6. Notemos que nas manifestações parafolclóricas as vestimentas e a coreografia são a "ponta de lança" da manifestação.

A CULTURA COMO BOI DE GUIA

nos referimos ao saber escrito, pois erudição há em todo lado. Vale aqui lembrarmos a explicação dada a mim por Alfredo Bosi quanto à origem do termo erudito, que é proveniente do radical latino *rus*, que, metaforicamente, situa as coisas em seu estado essencial, de onde surgem os termos rural, rude, rupestre e rústico. Este último, o rústico, que sistematicamente utilizamos como um adjetivo, é, na realidade, um substantivo, pois, em música, tocar de um modo rústico não é fácil e requer o domínio de uma outra técnica para a qual, no aprendizado da música clássica, não fomos preparados. Tocar de modo rústico, como alguns violeiros da música caipira, é algo extremamente difícil, quando não impossível.

A música, quando começou a ser escrita nos mosteiros medievais europeus, deixou de ser *rus* e passou a ser *ex-rus* e o radical latino *ex* não é somente o que deixou de ser, mas também o "proveniente de". Isso desenha ante nós uma questão que pode despertar curiosidades, pois, em algum momento, esses mundos – o popular e o erudito – estiveram juntos e talvez fosse interessante que agora, no Brasil, resgatássemos e juntássemos o que nunca deveria ter sido separado, dado termos em nosso convívio diário essas duas perspectivas[7].

Bakhtin[8] nos mostra que na Idade Média europeia as danças da corte e alguns ritos do clero tiveram sua origem em danças e ritos populares que, com o tempo, acabaram ganhando ou-

---

7. O retorno do saber oral, aural e visual tem se dado de maneira efetiva desde o surgimento das transmissões radiofônicas no Brasil bem como das produções fonográficas. Curioso observarmos que hoje, com o advento dos *streamings*, o ensino volta com intensidade a ser propagado por meios que remetem à nossa tradição oral, como são os casos dos *podcasts* e da plataforma YouTube. Talvez agora a Academia comece a entender que programas de rádio, *podcasts* e *lives* devem ser tratados também como produção acadêmica e como elementos de geração de conhecimentos.

8. Mikhail Bakhtin, *A Cultura Popular na Idade Média e no Renascimento*.

tros contornos, e é maravilhoso que isso tenha acontecido, pois a criatividade humana não tem limites, mesmo que nessa busca ela tencionasse expressar uma maior autovaloração simbólica. Independentemente das pretensões que possam ter havido por detrás de suas mudanças, estas acabam sempre por manifestar um momento de celebração criativa que fica como legado à posteridade.

Voltando à chegada do saber escrito no Brasil, sabemos que as primeiras universidades da América Espanhola datam dos séculos XVI e XVII[9] e as nossas, do século XX – enquanto um conjunto de saberes que estabelecem um diálogo entre si e não um aglomerado das faculdades de medicina, engenharia e direito, que eram os cursos oferecidos em algumas capitais do Brasil. Nossas universidades não surgiram, porém, com a Lei

---

9. As primeiras universidades da América Espanhola datam do século XVI – Universidade Autônoma de San Marco, no Peru, e Universidade Nacional Autônoma do México, ambas de 1557 – e XVII – Universidade Nacional de Córdoba, na Argentina, de 1613. As observações de Eduardo Frieiro em *O Diabo na Livraria do Cônego* (pp. 18-19), livro que narra episódios da vida de um dos brasileiros mais cultos do período da Inconfidência Mineira, Luís Vieira da Silva, ilustra o que pretendemos mostrar: "A educação pouco progredira; os conhecimentos dos eclesiásticos limitavam-se a um mal latim; e o indivíduo feliz que reunia o conhecimento deste e do francês (leia-se *História do Brasil*, de Armitage) era olhado como um gênio raro, digno de ser visto e ouvido. Ao contrário da América Espanhola, que conheceu muito cedo, mal se firmara a Conquista, a imprensa e o ensino universitário, não havia em todo o Brasil uma só tipografia, uma única universidade. [...] Na América espanhola – tal é a opinião do ilustre historiador argentino José Torres Revello – leu-se tudo quanto era dado ler na Espanha, e os colonos, de acordo com o seu gosto e possibilidades econômicas, leram os livros que desejaram". E prossegue citando o professor de Civilização Ibérica da Universidade de Princeton, EUA, o filólogo e crítico Américo Castro, em seu livro *La Peculiaridad Lingüística Rioplatense*, p. 49: "As bibliotecas do México [referia-se aos séculos XVI e XVII] possuíam livros de alta qualidade. Em 1600, com licença da Inquisição – oh, ironia! – vão para o México quase mil volumes, entre os quais, encontramos Copérnico, Telésio, Fracastoro, Erasmo, clássicos gregos, toda a física e a matemática europeias. E não só no México acontecia isso".

Maximiliano, em 1915[10], mas sim em 1934 com a criação da Universidade de São Paulo, que teve na criação da Faculdade de Filosofia Ciências e Letras o laço que a tudo unia em um conceito de multidisciplinaridade[11], o que cria, de fato, o conceito de universidade. Esse núcleo promoveu o efetivo diálogo entre as outras áreas do conhecimento, fato que até então não havia acontecido ao se juntarem as poucas faculdades já existentes.

Esse tardar na criação de instituições que disseminavam de maneira mais ampla o saber escrito nos leva a uma direção na qual podemos inferir que grande parte do saber no Brasil foi construído de maneira oral, dada a demora na criação de entidades que promovessem a disseminação do saber escrito. Lembrando, também, que o ensino fundamental e médio era reserva-

10. Em 18 de março de 1915, o Decreto Federal n. 11.530, tratado como a Reforma de Carlos Maximiliano Pereira dos Santos, chamada Lei Maximiliano, exigia que as instituições de ensino superior fossem equiparadas a estabelecimentos oficiais e tivessem cinco anos de funcionamento em localidades com população superior a cem mil habitantes: "Art. 25. Não será equiparada às oficiais academia que funcione em cidade de menos de cem mil habitantes, salvo se esta for capital de Estado de mais de um milhão de habitantes e o instituto for fortemente subvencionado pelo governo regional. / Art. 26. Não podem ser equiparadas às oficiais mais de duas academias de Direito, Engenharia ou Medicina em cada estado, nem no Distrito Federal; e, onde haja uma oficial, só uma particular pode ser a ela equiparada".

11. A USP foi criada com um projeto inicial de ter na Faculdade de Filosofia, Ciências e Letras o núcleo agregador do conjunto dessas outras escolas que formavam profissionais para as áreas específicas, como a Faculdade de Direito, o Instituto Politécnico, a Faculdade de Medicina e a Faculdade de Saúde Pública. A ideia era que fossem formados produtores de conhecimentos também para as faculdades já existentes. Um médico deveria, então, fazer cursos em biologia, de maneira a se tornar também um pesquisador e um produtor de conhecimento original para o seu setor. Era uma ampliação da ideia de uma escola tradicional superior por intermédio da agregação a esta da ideia da pesquisa e da produção de conhecimento e não somente a ideia da aplicação do conhecimento. Ao longo dos anos, esse projeto foi sendo desmontado pelos núcleos de poder das faculdades tradicionais, segundo me explicou o professor José de Souza Martins.

do às classes mais abastadas economicamente, quase sempre sob a tutela de ordens religiosas.

Saber Informal?

Ao contrário do que é propalado pelos meios de ensino e de difusão do conhecimento, é importante nos lembrarmos que a ideia da existência de um saber formal e um saber informal não tem fundamento, pois todo saber, para ser transmitido, precisa antes ter sido formalizado. Atribuir ao saber escrito a detenção do saber formal só nos aponta mais uma atitude simbólica e, portanto, não palpável de se afirmar que o saber escrito teria uma suposta superioridade[12] ante os saberes oral/aural/visual/tátil/olfativo. E nós sabemos, no fundo, ao olharmos as culturas populares presentes no Brasil, que isso não é verdade.

Reitero que todo saber, para ser transmitido, necessita ser antes formalizado, pois de outra forma não conseguiria ser ensinado. Para isso, não importa a forma como os procedimentos para sua aquisição sejam ordenados e, diante disso, o chamamos de "saber da experiência". Não podemos esquecer que muitos dos acertos em diversas áreas da ciência precisaram antes ser experimentados para depois serem constatados e então escritos, pois parte expressiva da consolidação da ciência se faz também por meio do saber da experiência num jogo de tentativa e erro, tentativa e acerto.

Florestan Fernandes, em seu livro *Folclore e Mudança Social na Cidade de São Paulo*, afirma que o saber escrito só passou a figurar de maneira mais efetiva no ensino brasileiro em 1889,

---

12. Meki Emeka Nzewi levanta essa questão em seu texto "Educação Musical Sob a Perspectiva da Diversidade Cultural e da Globalização: Posição da CIIMDA".

A CULTURA COMO BOI DE GUIA

quando o positivismo comtiano[13] foi utilizado como base simbólica para a instauração da República no Brasil[14].

Sabemos que o positivismo trazia muito do enciclopedismo oriundo das ideias iluministas, por meio de uma tentativa de nomear o mundo a partir da perspectiva de quem o escrevia. No Brasil, esse positivismo primou pela sobreposição do saber escrito sobre o saber oral, como aponta Florestan Fernandes quando diz que

[...] o último quartel do século passado (xix) marca o início da revolução que se iria operar, pois as campanhas abolicionistas e a urbanização paulatina das condições de existência iriam deitar por terra as relações patrimonialistas e a concepção tradicional do mundo correspondente. [...] Então começa a desagregação da cultura popular. O escravo e o homem do povo desconheciam quase completamente os motivos e os padrões ideais que tornavam atitudes, técnicas e instituições tradicionais valores socialmente pouco conspícuos e desejáveis nas camadas dominantes[15].

E vale citarmos aqui que a chegada do racionalismo trazido pela produção industrial também ajudou na fixação do conhecimento escrito como a única direção a ser seguida na conquista de um saber[16]. Os valores de vida citados por Florestan se refe-

13. Auguste Comte concebeu o positivismo nos moldes de uma ciência que derivou, inclusive, para questões religiosas presentes na igreja positivista. O cientificismo e a importância dos registros escritos herdados dos ideais iluministas foram fundamentais no *modus operandi* do positivismo. Ideias que foram de encontro à natureza do conhecimento das populações humildes do Brasil que tinham como base o saber oral.

14. José Murilo de Carvalho, *A Formação das Almas – O Imaginário da República no Brasil*.

15. Florestan Fernandes, *Folclore e Mudança Social na Cidade de São Paulo*, p. 31. Grifo nosso.

16. José de Souza Martins, em *O Demônio na Fábrica no Meio da Produção*, traz um relato interessante sobre o conflito desses saberes na Cerâmica São

HISTÓRIA E CULTURA NO SOM DA VIOLA

rem às maneiras como o povo articulava os seus saberes e percepções do mundo no cotidiano de suas vidas.

Dessa forma, observo que, no Brasil, toda a construção de conhecimentos pela via oral durante mais de trezentos anos foi jogada pelo ralo ao introduzirmos nas nossas formações, sem dialogar com o que aqui existia, somente métodos e metodologias do "mundo culto europeu" baseados no saber escrito.

Chartier afirma em entrevista[17] que a história do Ocidente é a história da escrita. Aqui, vale perguntarmos a qual Ocidente ele se refere, pois o Ocidente que ele aponta certamente não inclui a América Latina, sobretudo o Brasil, onde o acesso ao saber escrito foi sistematicamente negado durante o período em que éramos colônia de Portugal e ainda no período imperial.

Mais uma vez a visão etnocêntrica se manifesta, tentando criar verdades que não são suportadas pelas realidades dos povos excluídos da normalidade que a história, a que se pretende oficial, cria e narra.

Antes da fuga da família real portuguesa para o Brasil, em 1808, se aqui haviam, as prensas operavam clandestinamente, e a prensa régia por eles trazida funcionou também como um crivo de censura e controle das publicações até os anos 1821. Mesmo no período de D. Pedro I, quando o Brasil já era um império, também havia controle sobre o que se publicava. Efetivamente, a imprensa ganhou maior liberdade a partir do governo de D.

Caetano quando os engenheiros foram instalar alto-fornos, tirando, assim, dos artesãos o controle sobre a manufatura das cerâmicas. Esses artesãos mantinham seu *status-quo* num trabalho semelhante às corporações de ofício, nas quais o saber era passado dos mais velhos aos mais jovens. Toda uma série de tensões entre detentores do saber escrito *versus* detentores do saber oral é relatada e explicitada pelo autor.

17. Roger Chartier, *Cultura Escrita, Literatura e História: Conversas de Roger Chartier com Carlos Aguirre Anaya, Jesús Anaya Rosique, Daniel Goldin e Antonio Saborit.*

Pedro ii, em 1841, embora já houvesse publicações anteriores a essa data.

O saber escrito, durante muito tempo, esteve ao alcance de uma elite administrativa e, por vezes, latifundiária. Foi só no século xx que ele começou a ser distribuído de maneira mais democrática como via de acesso também às pessoas mais humildes, e aqui podemos ressituar o conceito de democracia que, antes de ser "direitos iguais a todas as pessoas", necessita ser "chances iguais a todas e todos". O golpe militar de 1964 e a ditadura que se sucedeu nos tiraram essa possibilidade, pois, até antes do golpe, a escola pública era uma escola de excelência, como ainda são hoje as universidades públicas no Brasil. Nos anos 1970, vimos essa excelência começar a ruir quando as escolas particulares foram se tornando as detentoras de um ensino de melhor qualidade, dado o desmonte e sucateamento do ensino público.

Música Popular e Crônica Social

Voltando à ideia já aqui apresentada de que, para haver cânones, como efeito colateral, resultarão esquecimentos, podemos perceber que a nossa história foi construída mais à base de apagamentos de vozes de outros grupos e culturas subjugadas aqui presentes mais que qualquer outra coisa.

Depois de passar quase três anos em Portugal estudando trânsitos e relações sociais das violas através do Atlântico lusófono, cheguei à conclusão que ora apresento, segundo a qual nós, brasileiros, apesar de termos uma estampa europeia em nossas instituições e na maneira como nos vestimos, não podemos nos esquecer que o que ainda pulsa dentro de nossos corpos são milhares de vozes indígenas e negras que foram caladas e querem permanentemente gritar – e eles gritam, desde o início do processo civilizador a que fomos submetidos, através de nossos processos criativos, da nossa música popular e das festas ligadas às manifestações do povo que, no fundo, constroem o rosto do que é o Brasil, aqui e lá fora. Poderia vir daí também, como resposta, uma resistência à difusão do conhecimento pela via da escrita?

Embora não possuamos registros, penso que muito do que se refere à origem da nossa música popular tenha surgido logo no início da colonização, sobretudo como um ardil de vazão das vozes dos oprimidos e escravizados, com o objetivo de também quererem falar a respeito das suas próprias histórias, agora vistas a partir de suas perspectivas pessoais, e também como uma maneira de registrarem o seu cotidiano e darem conhecimento disso aos seus descendentes.

É sabido que muitos povos não grafocêntricos do mundo, ou no momento em que ainda não possuíam um sistema de escrita, sempre escolheram uma pessoa de sua comunidade para ser o guardião das vivências de seu grupo. Câmara Cascudo, em seu livro *Vaqueiros e Cantadores*, cita os veládicas na Índia, os metris e os moganis árabes, os aedos e os rapsodos gregos, os *glee-men* anglo-saxões, os bardos celtas, os *griots* na África subsaariana, e nós colocaríamos aqui os cantadores na América Latina.

Ora, uma história que é contada dá a quem a escuta a capacidade de recontá-la à sua maneira e também com as suas próprias palavras. Já uma história que é ensinada com rima, ritmo e melodia ganha a propriedade de ser sempre reproduzida da forma precisa como foi concebida.

A música popular no Brasil se portou e ainda se porta como a grande cronista dos povos que não tiveram outra maneira de registrarem a sua história. O que saberíamos das emergentes comunidades, outrora favelas, do Rio de Janeiro no início do século XX se não fosse o registro musical deixado pelos compositores negros, sambistas, os verdadeiros cronistas do cotidiano social de seus iguais? O que saberíamos das agruras dos êxodos rurais de nordestinos e caipiras se não tivéssemos os registros de suas músicas? A realidade urbana das comunidades negras e pobres que a grande mídia ora oprime, ora esconde nos é trazida permanentemente pelo *rap* e pelo *funk*.

Na realidade, há sempre mais de uma história, pois a história que nos foi ensinada nos livros é a da voz dominante, das elites administrativas, do presidente que construiu Brasília e de seus grandes arquitetos, deixando esquecida a história das milhares mãos nordestinas e mineiras que efetivamente levantaram aquela cidade. De quantos outros episódios semelhantes não poderíamos nos lembrar ao longo da nossa jornada de povo e nação?

Chegamos, assim, a uma história que é somente a de quem a pode contar e, em contraponto e à revelia disso, acredito que a música popular possa ter operado como uma contracorrente a essa prática, pois trouxe, de maneira liberta, outra narrativa, outro campo de acontecimentos visto sob outra perspectiva, ou seja, a história dos povos não grafocêntricos a partir de suas próprias narrativas.

Nessa fricção constante entre classes dominantes e classes subalternas, tendemos a adotar em nossos discursos cotidianos definições que foram predefinidas, como quando nos referimos à formalidade ou não de um saber, como se fosse possível transmitir um saber sem antes formalizá-lo. As pessoas que aprenderam seu ofício longe das instituições de ensino e se tornaram sumidades no que fazem são entendidas como pessoas intuitivas e geniais, como se a intuição fosse aqui uma capacidade extra de inteligência que a fizesse superar todo o caminho definido pelo saber escrito sem, necessariamente, tê-lo percorrido. Dessa forma, essas pessoas, chamadas autodidatas, são vistas como seres de sorte rara que foram iluminados pela luz divina. Ora, pensar assim não nos remeteria ao olhar dos estratos com formação baseada no letramento para os quais apenas o saber escrito poderia gerar especialistas e sumidades? Pensar nessa direção só não faria diminuir o poder do conhecimento desenvolvido longe do letramento? De outro ponto de vista, isso não fica parecendo mais uma estratégia de diminuição do valor do saber empírico ante o saber escrito? Não seria mais razoável entendermos o autodidata como uma pessoa cercada por um imenso arcabouço de conhecimentos, de práticas e de experiências que foram legadas pelas gerações anteriores e sobre as quais ela se apoia para construir sua arte ou seu ofício?

A sua inteligência é manifesta ao saber pinçar os elementos necessários para construir o que sonha que deve ser feito, o que o fará ser original. Se acreditarmos que o autodidata é um iluminado e eleito por Deus, estaremos aceitando que só o domínio da escrita transmite conhecimentos e, mais ainda, estaremos também desprezando todo esse poderoso arcabouço do saber oral que construiu uma das músicas populares mais diversas e exuberantes do planeta. Perguntamos onde estariam pessoas como Pelé e Milton Nascimento senão nesse campo da criação a partir de si próprios ancorados por um arcabouço diverso que os cerca?

Outras Múltiplas Raízes

Sempre que nos referimos às heranças musicais da nossa música popular, lembramos da África, mas pouco falamos das culturas indígenas, porque esses povos foram exterminados muito rapidamente e é fácil notarmos que o conceito de civilização dos povos indígenas sul-americanos sempre foi diametralmente oposto ao dos colonizadores, como nos mostram, além da relação com a Natureza, as falas de indígenas como Ailton Krenak e Davi Kopenawa e também os estudos antropológicos alavancados por Eduardo Viveiros de Castro sobre o perspectivismo ameríndio.

No entanto, podemos ter pistas profundas que nos mostrem um outro olhar referente a essas heranças culturais. A primeira vem pela visão de Robin Wright, antropólogo estadunidense que ministrou aulas na Unicamp[18] nos anos 1990. Estudioso da religiosidade dos povos originários da América do Sul, Wright afirma que todos esses indígenas apresentam uma caraterística em comum, a de terem a música como principal elemento de mediação com o sagrado. Vale aqui lembrarmos, também, do estudo de Rafael Menezes Bastos, registrado em seu livro *A Musicológica Kamayurá*, no qual o autor demonstra a importância da música no cotidiano desse grupo. Também Marlui Miranda, compositora, pesquisadora e intérprete de músicas indígenas desde os anos 1970, que me contou ter sabido de guerras entre grupos indígenas em que o principal objetivo seria capturar as mulheres e crianças que cantam, que, depois de raptadas, seriam muito bem tratadas com o intuito de ensinarem as canções de seu grupo aos seus raptores. Ora, convenhamos, fazer guerras por causa de músicas é algo muito peculiar, não? Quem sabe essas informações possam apontar para a dimensão e o espaço que a música pode ocupar em nossa existência.

Essas características sinalizam com clareza a importância da música na maneira do sentir-pensar desses grupos. Utilizo aqui o termo sentir-pensar cunhado por Guimarães Rosa numa entrevista concedida a Gunter Lorenz[19], ao se referir a uma unidade que entendia por brasilidade. Notemos que o sentir vem

18. Em uma aula à classe de antropologia, Robin mencionou essa característica dos povos originários da América do Sul.
19. João Guimarães Rosa, *Ficção Completa*, p. 55.

antes do pensar como algo que primeiro nos arrebata, primeiro brota, primeiro se elabora, primeiro existe para depois ser entendido.

É provável que nunca tenhamos reputado a esses fatos a profundidade que devessem ter na formação do nosso substrato de viventes. Caetano Veloso afirma em sua música *Línguas* que "[...] está provado que só é possível filosofar em alemão / Se você tem uma ideia incrível, é melhor fazer uma canção [...]".

Fica clara, aqui, a ideia de que muitas vezes manifestamos nossa percepção de mundo por intermédio da música. Aliás, talvez sejamos o único povo que trata a canção com o nome de música, quando nunca dizemos "fiz uma canção" e sim "fiz uma música". "Fazer uma canção" possivelmente entra no Brasil como um neologismo nos estudos musicais após ter sido utilizado no meio acadêmico.

Seria interessante olharmos para essas características como componentes da nossa essência, algo que está em nosso imo, no fundo de nós, a ponto de não mais a percebermos, embora ajam como mola propulsora, como razão de ser e, possivelmente, possam estar ligadas a esta paixão, a este amor e a esta necessidade e instinto de sobrevivência relacionado à música que os indígenas têm e nos legaram como uma de nossas matrizes.

Será que, a partir disso, poderíamos inferir que somos musicais e fazemos música por nossa própria essência de existir? Se sim, neste âmbito da criação, isso pode nos levar a um olhar perspectivista e não propriamente decolonialista.

É certo que o decolonialismo possa ter seu lugar no campo de reivindicações de nossa existência ante quem nos colonizou e nos oprimiu, mas, ao mesmo tempo, pode desavisadamente nos colocar numa mirada quase pós-colonialista para a qual só faríamos música para espantar o horror causado pelo colonizador-invasor, além de o deixarmos ainda no centro das nossas questões, dando-lhe importância maior do que, na realidade, tem ao nos desviar o olhar da verdadeira essência que nos move.

Música Popular e Emanação do Próprio Interior

Sugerimos aqui que, ao nos voltarmos mais cuidadosamente para as nossas histórias musicais, veremos que estiveram mais próximas de uma atitude perspectivista que decolonialista. Fica difícil acreditar que possa ser verdade que o que nos motiva, em nosso cotidiano, é uma atitude de resposta e não propriamente de indagação, de manifestação, de imanência da nossa existência ao nos referirmos ao poder musical criativo do povo brasileiro.

Tentaremos, nas próximas linhas, mostrar que fazemos música porque a música faz parte da verve, da moção, do movimento da nossa existência.

Como poderíamos enquadrar Milton Nascimento numa visão decolonialista se ele, ao invés de gritar contra as inúmeras manifestações de racismo que sofreu ao longo de sua vida, canta exaltando a beleza da negritude como em *Cravo e Canela*, dele e de Ronaldo Bastos, ou como em sua parceria com Fernando Brant, *Maria Três Filhos*? Canta o desmonte do parque ferroviário brasileiro e também da Panair?[20] Ao contrário de narrar sobre o desmonte, ele e Fernando Brant evocam as memórias da beleza que esse mundo nos trazia antes de ser desfeito por forças avessas à humanização e voltadas aos interesses de grupos econômicos.

Isso se situa mais próximo de uma visão perspectivista, um perspectivismo movido pelo olhar às culturas populares brasileiras.

---

20. Maior empresa de aviação brasileira entre as décadas de 1930 e 1960, cujos donos eram simpatizantes à esquerda e por isso foi desmontada pelos governos da Ditadura Militar.

Não foi à toa que grande parte dos compositores brasileiros, até os anos 1950, eram pessoas de estratos humildes, com pouca instrução escolar e sem formação musical baseada na escrita. Onde situaríamos os sambistas negros do Rio de Janeiro dos anos 1930, ou os compositores nordestinos como Luiz Gonzaga, Jackson do Pandeiro e João do Vale e os inúmeros compositores da chamada música caipira? No entanto, alguns músicos ligados aos estratos sociais mais privilegiados economicamente e com formação na cultura musical europeia raras vezes tinham a própria cultura como referencial em seus processos criativos e não são poucos os momentos em que se mostram caricatos ao narrar musicalmente as culturas de seu país de origem.

O olhar de fora sempre pode nos trazer conhecimentos presentes em nosso cotidiano que não percebemos por estarem muito entranhados em nosso viver. Um dos relatos de Debret ao se referir a um músico e artesão, ex-escravizado, durante sua estada no Rio de Janeiro, contém em si informações que podem ser preciosas no entendimento de nós mesmos. Debret relata:

> Dono de mil talentos, ele tanto é capaz de consertar a malha escapada de uma meia de seda como de executar, no violão ou na clarineta, valsas e contradanças francesas, em verdade arranjadas ao seu jeito. Saindo do baile e colocando-se a serviço de alguma irmandade religiosa na época de uma festa, vemo-lo sentado, com cinco ou seis camaradas, num banco colocado fora da porta da igreja executar o mesmo repertório, mas desta feita para estimular a fé dos fiéis que são esperados no templo onde se acha preparada uma orquestra mais adequada ao culto divino[21].

Esses negros eram oriundos de fazendas, onde atuavam, como músicos, em orquestras locais das próprias fazendas. À parte a visão etnocêntrica no final do relato (e não poderia ser

---

21. Jean-Baptiste Debret, *Viagem Pitoresca e Histórica ao Brasil*, p. 151.

de outro modo), Debret relata que tocavam músicas europeias, porém a maneira como tocavam era diferente, com um outro caráter interpretativo e já repleto de criações pessoais. Ora, esses negros apenas sabiam ler uma partitura sem nada conhecer da música europeia, de sua história, cultura, estilo, estética e técnica, e, ao tocarem as suas partituras, escritas por eruditos, eram movidos por uma percepção surgida a partir de seu próprio arcabouço cultural, numa atitude de autorreferenciamento.

Talvez o conceito cunhado por Simone Weil, o qual chamou de "enraizamento", possa nos elucidar mais essa ideia agora apresentada.

O enraizamento é talvez a necessidade mais importante e mais desconhecida da alma humana. É uma das mais difíceis de definir. O ser humano tem uma raiz por sua participação real, ativa e natural na existência de uma coletividade que conserva vivos certos tesouros do passado e certos pressentimentos do futuro. Participação natural, isto é, que vem automaticamente do lugar, do nascimento, da profissão, do ambiente. Cada ser humano precisa ter múltiplas raízes. Precisa receber quase que a totalidade de sua vida moral, intelectual, espiritual, por intermédio dos meios de que faz parte naturalmente. As trocas de influências entre meios muito diferentes não são menos indispensáveis que o enraizamento no ambiente natural. Mas um determinado meio deve receber uma influência exterior, não como uma importação, mas como um estimulante que torne sua própria vida mais intensa. As importações exteriores só devem alimentar depois de serem digeridas. E os indivíduos que formam o meio, só através dele as devem receber[22].

Como cita Simone Weil, é só através de seu próprio meio que as importações devem alimentar, isso depois de serem digeridas. Percebo nessa atitude o surgimento de um autorreferen-

22. Simone Weil, *A Condição Operária e Outros Estudos Sobre a Opressão*, p. 411.

ciamento no ato criativo, pois o que nos move a criar são nossos próprios conceitos internos, nossa própria percepção de mundo acrescida das informações e motivações externas.

Com o olhar na história do povo pobre, das camadas sociais subalternas, constatamos que a maneira natural como as pessoas que não foram alfabetizadas ou com pouco letramento se colocam e se orientam no mundo se faz a partir de um processo em que trazem elementos de fora para o seu meio através de si próprios e de sua cultura para depois, então, utilizá-los como prática em seu cotidiano. Nesse autorreferenciamento, que chamamos de o "trunfo da ignorância", há uma possibilidade bem maior de o autodidata ser original que os que estudam pelo saber escrito, construído a partir de cânones e guiando todos por discursos mais unívocos, o que homogeneíza o conhecimento, lembrando que muitas vezes o conceito de originalidade se opõe à ideia de homogeneização.

Tendo a crer que esta é uma das principais características da música popular no Brasil: os compositores ainda estão ligados às formas orais de criação, às quais costumo chamar de imitação criativa[23], que se cria depois de se aprender, copiando, que é a maneira como se aprende violão e outros instrumentos no âmbito popular. Também se aprende assim no congado, no bumba meu boi, no cururu, no maracatu, no repente e em inúmeras outras manifestações culturais ligadas aos estratos mais humildes da população brasileira. Notemos que até músicos que tiveram estudo universitário, como João Bosco e Gilberto Gil, se sabem ler uma partitura, não a utilizam em seu cotidiano ou em

---

23. Após ter observado essa prática da imitação criativa no congado mineiro, passei a ensinar meus alunos a tocarem viola tendo a composição musical como mola do aprendizado. Muitos deles se tornaram compositores, profissionalizando-se ou não com o instrumento. Alguns deles gravaram vários discos.

seus processos criativos, que são, na realidade, os mesmos que movem as pessoas que não estudaram música em suas criações.

Por uma outra via, o povo simples e com pouco letramento do Brasil, digo, a maioria da população, talvez por ter vivido num universo cosmológico ora levemente, ora muito diferenciado do universo português, não aspirava ser como os europeus, como aconteceu e ainda acontece com parte da elite brasileira instruída pela via da escrita. Assim, grande parte dos valores culturais europeus que chegavam ao Brasil reverberavam no povo de maneira indireta, mais como um alimento a ser digerido por um estômago cultural próprio e pessoal que como uma essência em seus comportamentos, em seus processos criativos e em suas percepções do mundo[24].

Comemos com Oswald nosso repasto mais sério e severo de assunção do nosso ser, diante da estrangeirada. Com ele, pela primeira vez, gargalhamos: – Ali vem a nossa comida pulando.

Neste ímpeto de reversão da comedoria pantagruélica, só pedimos a Deus a boca voraz e insaciável dos prósperos da terra para devorar a estranja e fazer dela o estrume com que floresceremos.

Ainda hoje e este brado que ecoa, chamando tanto macaquito sério que empulha europeísmos por aí para lavar a cara, rir e se armar para caçar e comer quem nos come. Menos para fazer nossa sua carne nojenta do que para preservar nosso próprio sumo.

Ó que pão. Ó que comida…

Ó que divino manjar…

Canta o beato, morto de inveja do bispo Sardinha comungado pelos Caetés[25].

---

24. É fácil para quem lê esse texto perceber que a polca, dança de origem eslava, se tornou uma das matrizes do choro e o *schottisch*, a matriz do xote, que no início do século XX era grafado como xótis. Reparem na semelhança fonética de *schottisch* e xótis.

25. Darcy Ribeiro, *Utopia Selvagem*, p. 33.

HISTÓRIA E CULTURA NO SOM DA VIOLA

Pensar apenas em decolonialismo para estudar as culturas do povo pode nos levar a um olhar enviesado, pois estaremos, mais uma vez, lendo as culturas populares com uma lente baseada numa educação construída a partir da escrita – como quase sempre acontece nas universidades – de quem teve acesso ao saber escrito, aos costumes que aqui chegavam vindos da Europa e ainda tem dificuldades de ler a própria cultura a partir de si mesma. Pois, para a grande maioria da população[26], esses conhecimentos e informações sempre são refratados pelas suas culturas locais em que ainda vivem mergulhadas pessoas sem um efetivo acesso à instrução escrita.

Sempre sugiro aos meus alunos que todo livro "de fora do Brasil" que traz ideias e procedimentos novos deve antes ser deixado sobre a terra para vermos, então, como ele frutifica em ideias, pois, do contrário, estaremos incorrendo no equívoco de criarmos categorizações que não competem à nossa natureza e, certamente, nos comprimirá no intuito de efetivarmos as aplicações dessas novas ideias. Em outras palavras, as ideias são universais, já os procedimentos e métodos podem ser concebidos a partir de esquemas culturais e não faz sentido algum utilizarmos filtros culturais para lermos nossa cultura. Ideias, sim, métodos, não.

Em algumas áreas do conhecimento, o decolonialismo pode acabar servindo mais como ferramenta para uma elite que foi educada a partir de referenciais da cultura escrita, que, em seu cerne, é proveniente da Europa e dos Estados Unidos, tais como as estruturas metodológicas dos nossos cursos universitários – e nos cursos de música isso é muito evidente[27]. Seria daí a forte

---

26. Conferir *Abençoado e Danado do Samba: Um Estudo Sobre o Discurso Popular*, de Ricardo Azevedo.

27. Ainda há uma grande crença na força e permanência de um ensino conservatorial datado do século XIX. Valores como: se não começou a estudar

reverberação que o decolonialismo tem tido nos estudos acadêmicos no Brasil e em expressiva parte dos estudos etnomusicológicos na Europa?

O perigo que corremos é o de trazermos para as culturas populares aspectos desnecessários relativos às culturas dos povos colonizadores, pois as pessoas pertencentes aos estratos populares sistematicamente refratam essa influência colonial a partir de um olhar que chamamos perspectivista. E aqui me reporto novamente ao conceito de enraizamento de Simone Weil.

Esse processo de apropriação do saber de quem aprendeu pela escrita por uma pessoa não grafocêntrica gera não propriamente distorções, mas o agenciamento de outras perspectivas, e o olhar para o que se chega de fora acaba ganhando outros centros de acomodação no mundo da oralidade. Como exemplo, vale a leitura de *O Queijo e os Vermes*, de Carlo Ginzburg. As análises do autor apontam para a construção de outra visão absolutamente diversa da que os livros traziam no momento em que Menocchio, um moleiro que sabia ler – mas fora criado no mundo da oralidade – relata aos seus inquisidores católicos como construiu sua diferenciada e particular percepção de mundo a partir das poucas leituras que fez de importantes livros dos séculos que o antecederam.

Ora, isso nos aponta um caminho: quem definiu como e de que forma as culturas do dominador e de quem foi educado a partir do letramento chegaram às pessoas não grafocêntricas

desde a mais tenra infância um instrumento, não se tornará um bom intérprete, ou mais vale investirmos num gênio que em quinhentos bons músicos que certamente farão uma diferença social muito maior que um(a) jovem narcísico(a) voltado(a) ao sucesso pessoal de suas performances. A própria maneira pouco orgânica (dura) como são ensinadas matérias como percepção musical a partir de fragmentos musicais desterritorializados de seus contextos, calcados no timbre único do piano, aponta mais para uma limitação deste modelo que para uma efetiva e ampla formação.

foi quem a recebeu, ou seja, os que aprenderam pelo saber da experiência e não da escrita. Marshall Sahlins, em sua conferência "Cosmologias do Capitalismo no Setor Transpacífico Sul"[28], relata, como reversão de uma intenção, que o capitalismo que se pretendia hegemônico em suas ideias e procedimentos dependeu totalmente da maneira como foi recebido e mediado pelas culturas que o absorveram, sofrendo, assim, adaptações em cada lugar[29].

Em outras palavras, quem determina a cor do grande, do que se pretende hegemônico, é o pequeno que o recebe. Certamente isso pode apontar para uma condição de surgimento do vasto multiculturalismo que temos hoje no Brasil, dada a diversidade de povos e culturas que aqui já existiam, no caso, indígenas, e que passaram a existir a partir da chegada dos povos escravizados sequestrados da África.

Uma outra questão que poderíamos ponderar seria a de que o invasor-colonizador trazia uma cultura bem mais uniformizada em si mesma que a dos povos americanos e africanos que a receberam na América, onde a multidiversidade cultural era o que se encontrava. Valeria imaginarmos, como hipótese, que cada grupo, cada etnia, cada cultura que recebeu a imposição cultural do dominador viu-se obrigado a mesclar no seu cotidiano essa cultura e, se o fez, foi de uma maneira refratária que apontasse para uma multiculturalidade, pois cada povo tinha a sua própria cosmologia ou variante e utilizou de seu próprio arcabouço cultural para reagir ao novo modelo cultural que era imposto. Isso mesmo num âmbito geográfico não tão extenso,

28. Conferência proferida na XVI Reunião da Associação Brasileira de Antropologia.
29. Aqui, vale nos perguntarmos se a maneira como Anchieta pretendeu ensinar música e teatro aos indígenas foi assimilada exatamente como ele pensou que deveria ser.

como percebemos no norte de Minas e no Nordeste brasileiro, onde, por pouco que se ande, já se observa a mudança de sotaques, de costumes, de vocabulário, de manifestações folclóricas, da culinária e de tantas outras expressões que manifestam o viver de cada grupo.

E se voltarmos à nossa história musical, observamos que assim ocorreu com o *rock*, quando aqui chegou nos anos 1950--1960: foi absolutamente adaptado às realidades nacionais a partir da percepção de diversos cantadores brasileiros. Isso acabou gerando uma diversidade que apontou para uma particularidade presente em cada artista, na maneira como produzia suas músicas. Exceção a esta situação pode ter ocorrido com a Jovem Guarda, que reproduziu, com versões para o português, as músicas estrangeiras, sobretudo dos Beatles.

Talvez fosse interessante se nos despregássemos tanto da necessidade de termos visões externas como orientadoras da nossa conduta no que tocam às pesquisas que fazemos, pois de decolonialismo já se aprende bastante estudando profundamente História e Paulo Freire, e nos voltássemos, mais efetivamente, não exatamente às práticas das nossas culturas populares, e sim ao que fundamenta a necessidade de manifestação pela música e os processos internos que geram essas manifestações sonoro-performáticas. Perceberíamos, então, que a inteligência desses criadores populares é muito maior do que imaginamos e que estão muito além da nossa maneira de pensar, de fazer e de ensinar música, embora os achemos *naifs*. Se são *naifs*, pelo menos são autênticos e profundamente originais, muito mais do que nós, que tentamos criar a partir de padrões que nos foram predefinidos, como é o caso da supremacia das alturas (harmonia e melodias) sobre os outros parâmetros identificadores de uma fonte sonora, pois estes outros pouco são relevados como certificadores de sofisticação e qualidade nas análises se nos referimos à qualidade de alguma música. Me reporto aqui às durações, às intensidades e aos timbres[30].

Nos ateremos a esse pormenor, que deveria ter sido sempre utilizado para a análise de músicas e de seus contextos sociais e históricos, pois deixar isso de lado gerou distorções, canonizações desnecessárias e, claro, esquecimentos. Além de ter provocado uma visão verticalizada da expressão musical no Brasil, que deveria ter sido sempre horizontalizada, dada a nossa multiculturalidade – como citamos no começo deste ensaio –, que definiu historicamente que há uma música popular brasileira centrada na produção musical das cidades do Rio de Janeiro, de São Paulo e de Salvador, em detrimento das outras músicas populares brasileiras, chamadas de músicas regionais, o que não deixa de ser uma indicação depreciativa[31].

Outras Veredas

Imaginamos que horizontalizar o poder dos parâmetros sonoros em uma análise musical possa ser uma ferramenta para se desmontar todo um discurso histórico construído em cima da ideia da existência de importâncias e desimportâncias manifestas em canonizações e esquecimentos.

Pensamos que uma fonte sonora, para ser mapeada, necessita da localização de quatro parâmetros, sem os quais não con-

---

30. Discuto esse tema no artigo-conferência "Por Que a Minha Música Não Entra no Repertório?", pp. 187 e ss.

31. Não tratamos *Grande Sertão: Veredas*, de Guimarães Rosa, ou *Canções Praieiras*, de Dorival Caymmi, como obras regionais, embora sejam, pois atingiram um grau de excelência tal que nos obriga a tratá-las como universais. O termo regional, que deveria ser um designativo de localização, ganha, injustamente, a dimensão de um designativo de qualidade por não fazer parte de uma corrente central da música popular brasileira que foi canonizada como principal.

seguimos especificar, com precisão, a fonte geradora do som que buscamos entender. São eles a duração (que rege o mundo dos pulsos, dos ritmos que são conjuntos de durações diversas que se reproduzem ciclicamente), a intensidade, o timbre e a altura (que rege o mundo das harmonias[32] e das melodias). Assim, quando ouvimos um som, nos perguntamos se foi longo ou se foi curto, se foi forte ou se foi fraco, que qualidade sonora tinha, se metálico, se de madeira, se de sopro, se de corda, se de vidro, se de origem humana ou animal etc. e se foi agudo ou se foi grave. A partir desse mapeamento, saberemos identificar qual e como a fonte sonora emitiu o som que buscamos entender.

As músicas que foram sistematizadas e utilizadas no ensino musical no Brasil primam por uma valorização maior das alturas do que dos outros parâmetros. São elas a música clássica e o *jazz*, oriundas da Europa e dos Estados Unidos, respectivamente.

Se optamos por usar em nosso ensino musical essas metodologias citadas como principais formadoras do conhecimento musical das nossas escolas, desprezamos toda a diversidade rítmica e tímbrica que há nas culturas brasileiras. Dessa forma, hipervalorizamos e atribuímos às alturas o único caráter certificador de uma possível sofisticação musical quando ouvimos músicas com harmonias mais elaboradas e as tratamos como sofisticadas, em oposição à quando ouvimos músicas de menor complexidade harmônica e melódica e as tratamos como simples. Ora, a música caipira, que, aliás, nunca foi tratada pelos estudiosos e nem pelos críticos como música popular brasileira e sequer entrou nos contextos da chamada música regional, tem poucos acordes, mas, em contrapartida, tem em si dezessete ritmos distintos que por vezes se interagem[33]. No contexto de uma

32. Harmonia, em música, se relaciona à existência dos acordes.
33. Mapeamento por mim realizado e registrado no livro *Cantando a Própria História – Música Caipira e Enraizamento*.

perspectiva rítmica, não temos na música popular brasileira um gênero com tamanha diversidade.

Como o único parâmetro utilizado para se atribuir alguma sofisticação à música foi a altura, a música dos caipiras, como citei, ficou relegada a um âmbito "regional", ou, talvez, ainda abaixo disso, pois sequer foi tratada como parte desse segmento. E o que dizer dos timbres com relação aos quais, há 25 anos, uma rabeca era tratada como um violino que não tinha dado certo, só ganhando uma dimensão maior a partir dos estudos de José Eduardo Gramani?[34] Notemos, aqui, que se elegeu uma ordem de instrumentos como os "de sons corretos" e todos os outros passaram a ser aberrações, erros ou inconclusões. Mais uma vez manifestamos na nossa educação a necessidade de nos ancorarmos em cânones que, na realidade, pior ainda, não nos pertencem.

Surgem, pois, algumas perguntas: por que e quem elegeu como padrões esses sons tidos como referenciais? Haveria algum intuito em canonizar algumas sonoridades em detrimento de outras? Pode ser que tenha sido apenas uma decorrência de uma já consolidada maneira de pensar, mas não podemos deixar de ponderar a possibilidade de que todo o contexto de dominação do colonizador, e hoje das elites – que, historicamente, se identificam com o colonizador[35] –, visa valorizar seus aspectos

---

34. José Eduardo Gramani, *Rabeca, o Som Inesperado*.

35. Paulo Freire discorre em seu livro *Pedagogia do Oprimido* mecanismos que muitas vezes colocam o oprimido na condição de opressor. Vejamos: "Há algo, porém, a considerar nesta descoberta, que está diretamente ligado à pedagogia libertadora. É que, quase sempre, num primeiro momento deste descobrimento, os oprimidos, em lugar de buscar a libertação, na luta e por ela, tendem a ser opressores também, ou sub opressores. [...] O 'homem novo', em tal caso, para os oprimidos, não é o homem a nascer da superação da contradição, com a transformação da velha situação concreta opressora, que cede seu lugar a uma nova, de libertação. Para eles, o novo homem são eles mesmos, tornando-se opressores de outros. [...] O 'medo da liberdade',

A CULTURA COMO BOI DE GUIA

em detrimento do mundo do colonizado, ou, hoje, das classes subalternas, haja vista o apagamento histórico das culturas negra e indígena no ensino da história do Brasil. Essa história se repete desde sempre... Alfredo Bosi, em seu livro *Dialética da Colonização*[36], relata como o padre José de Anchieta[37] utilizava em suas teatralizações a associação das plantas e animais europeus ao mundo sagrado e, em contraposição, os animais e as plantas do Brasil às manifestações de um mundo não sagrado.

Se realmente queremos nos descolonizar, precisamos nos despir dos discursos do Primeiro Mundo, que sempre serviram como matrizes dos métodos que nos educaram, e, a partir daí, assumirmos a nossa condição de participantes do Sul Global, como uma estatura possuidora de potências que os outros não têm, e isso se dará no momento em que percebermos que o que vemos como deficiência – a nossa falta de "erudição" – pode ser, na realidade, o nosso trunfo, o nosso diferencial, pois só nós sabemos fazer o que fazemos da maneira como fazemos, além de termos características, como a diversidade e o multiculturalismo, que não se encontram com tanta fartura em outros lugares. E é importante pensarmos, aqui, que somos uma cultura de soma na qual o xenofobismo certamente não nos cabe, e cabe

de que se fazem objeto os oprimidos, medo da liberdade que tanto pode conduzi-los a pretender ser opressores também, quanto pode mantê-los atados ao *status* de oprimidos, é outro aspecto que merece igualmente nossa reflexão. Um dos elementos básicos na mediação opressores-oprimidos é a prescrição. Toda prescrição é a imposição da opção de uma consciência à outra. Daí, o sentido alienador das prescrições que transformam a consciência recebedora no que vimos chamando de consciência 'hospedeira' da consciência opressora" (pp. 21-22).

36. No capítulo "Anchieta e as Flechas Opostas do Sagrado".

37. Anchieta foi o principal nome ligado à catequese dos povos indígenas do litoral brasileiro no século XVI, além de elaborar um dicionário tupi-português para auxiliar os jesuítas nesse trabalho de aculturação e posterior enculturação.

ainda menos o xenofilismo, que é, na realidade, o campo no qual nos situamos na maioria das vezes quando se trata de educação, sobretudo a musical.

Ao submetermos o mundo dos sons a uma análise equalitária utilizando os quatro parâmetros sonoros citados, perceberemos que tudo o que foi verticalizado se tornará horizontal. E, na horizontalidade, poderemos perceber que, no contexto da nossa condição de multiculturalidade, cada potência é singular, não havendo necessidade, portanto, de nos apoiarmos em pseudos-supremacias de alguma coisa sobre outra, pois isso só reforçará o que queremos rechaçar, que é essa tentativa de supressão da nossa mais essencial expressão de vida, que muitas vezes é manifestada pela música.

Utilizando a expressão popular "não jogarmos fora o bebê com a água do banho", podemos então juntar todos os saberes que nos cercam, o escrito e o oral/aural/visual/tátil/olfativo/sensitivo, e resgatarmos o que nunca deveria ter sido separado na Idade Média europeia, para então podermos dar ao *rus* uma amplitude semântica justamente por mantermos o estado essencial das coisas junto aos complexos elaborativos que se sucederam. Ao juntarmos o *rus* com o *ex-rus*, traremos a dimensão do que realmente somos, e a partir da nossa própria perspectiva, poderemos ler o mundo de uma maneira que expresse as percepções contidas em nosso imo.

Daí, creio que chegaremos num âmago no qual o criar faz parte da nossa essência muito antes de querer ser uma resposta ao outro que nos dominou ou nos colonizou e ainda insiste em colonizar, e criar dessa maneira é resistir, criar dessa maneira é perspectivismo, um perspectivismo oriundo da nossa cultura popular.

RELATOS

DA PRÁTICA, A TEORIA

O Início

No ano 2018, fui convidado pelo INET–md, polo de Aveiro[1], para compor, como pesquisador contratado, uma equipe de investigação criada pelos professores Jorge Castro Ribeiro e Susana Sardo. Essa pesquisa tinha por objetivo compreender os trânsitos e as relações sociais criadas pelos cordofones de origem portuguesa, no caso, o cavaquinho e a viola, ao longo do Atlântico lusófono. O projeto foi chamado AtlaS – Atlântico Sensível.

Os instrumentos ditos tradicionais portugueses sofreram, no período do Estado Novo (1933-1975), um revés, e os frutos são colhidos até os dias atuais. Salazar e seu representante nesta área voltada à cultura e comunicação, Antonio Ferro, no intui-

---

1. Em Portugal, foram criadas unidades de investigação acadêmica concebidas como um Instituto de Etnomusicologia – Música e Dança, que estão alocadas na Universidade Nova de Lisboa, Universidade de Aveiro, Universidade de Lisboa e Escola Superior de Educação – Instituto Politécnico do Porto.

to de criarem uma representação identitária de Portugal ante a Europa a partir da rica cultura popular do país, acabaram por cristalizar e musealizar o folclore português.

Sabemos que um fato folclórico se manifesta como um conjunto de crenças que, num momento de celebração, festeja os valores simbólicos comuns à comunidade por meio da música, da dança, das vestimentas, da culinária, do encontro e da festa. Tal qual numa folia de Reis, em que uma fé partilhada na ideia de que o advento do Deus Menino a cada ano pode renovar o mundo em fartura, igualdade e bondades faz as pessoas saírem pelos caminhos cantando a boa nova, e aqui percebemos que os acessórios como as vestimentas e o instrumental são importantes, mas não imprescindíveis, sendo imprescindível, sim, a atitude de externalizarem o conteúdo simbólico que os povoa.

Como o que importava na representação da cultura portuguesa objetivada por Salazar era a performance e não propriamente o que dava sentido e vida a essas manifestações, que moviam as pessoas a realizarem tais ritos, foi surgindo um distanciamento e posterior ruptura entre um conjunto de crenças que davam razão de existência a essas manifestações e a celebração em si. Isso, no Brasil, recebe o nome de parafolclore, por não haver nesse ato o conjunto de valores estruturais da expressão cultural da vida e do cotidiano de uma específica população que devam ser celebrados. Há apenas a performance, por si só.

Dessa maneira, cuidaram muito de como dançavam, de como se vestiam e tocavam e, paulatina, porém efetivamente, o fato folclórico foi desaparecendo da cultura portuguesa, dando lugar a um conjunto de performances, representações identitárias de determinadas populações ou aldeias, mas sem propriamente estarem ali manifestas as suas crenças, os seus sentimentos e suas percepções do mundo, que outrora os movera a criar tais celebrações.

DA PRÁTICA, A TEORIA

Nesse contexto, a viola e o cavaquinho ficaram cristalizados nos seus aspectos organológicos e na forma como ainda são tocados em grande parte do país. São mantidos assim até as raias dos dias atuais, com um perfil de construção que mais os aproxima dos instrumentos do século XIX que propriamente do século XXI.

É importante que pontuemos o fato de que, durante os anos 1970 e 1980, alguns poucos músicos, como foi o caso de Júlio Pereira, gravaram discos apresentando novas possibilidades para o instrumento. O que notamos nos quase três intensos anos de contato com músicos portugueses foi que esses discos permaneceram mais como ícones de possibilidades a serem alcançadas que como sementes a serem absorvidas e utilizadas por outros músicos.

Aqui, vale um comentário sobre o termo "instrumento tradicional"[2], que é utilizado em Portugal para designar os instrumentos que estão ligados às festas tradicionais. Tal termo adquiriu um forte estado de imobilidade após a maneira como Salazar se apropriou e usou o folclore do país, como se nem o instrumento nem sua maneira de tocar pudessem ser modificadas, dado terem se transformado em estampas e em padrões representativos das festas nas quais estavam inseridos.

Esses instrumentos condensaram em torno de si um conjunto de possibilidades performáticas desenvolvidas a partir do recorte que a musicalidade de cada manifestação parafolclórica permitia e pelos recursos oferecidos pela sua estrutura organológica, que, por sua vez, se encontrava num estado de imutabilidade por serem tratados como "instrumentos tradicionais".

Em contraposição, isso não ocorreu com instrumentos da música portuguesa como a guitarra de fado, chamada, no Brasil, de guitarra portuguesa. Esta sim expandiu suas fronteiras de

---

2. Violas, cavaquinhos, gaitas, bombos, pífaros, dentre outros.

tocabilidade nas mãos de músicos como Carlos Paredes[3], Alcino Frazão, Pedro Caldeira Cabral, dentre outros, ficando clara uma distinção entre música urbana e música tradicional, em Portugal.

O Primeiro Passo

No intuito de estimular a possibilidade de haver em Portugal violas que oferecessem mais recursos de tocabilidade, me veio a ideia de construir uma viola portuguesa nos moldes das violas brasileiras, cujos avanços técnicos que expandiram o instrumento em seu uso estavam mais consolidados. Para isso, procurei, em 2019, uma fábrica de instrumentos situada na freguesia de Celeirós, em Braga, a Artimúsica. Sugeri a uma das proprietárias da fábrica, Nilsa Alves, que construíssemos uma viola braguesa que contivesse as inovações presentes nas violas brasileiras, pois isso poderia proporcionar maior tocabilidade e possibilidade de performances expandidas às violas portuguesas, como já há havia ocorrido no Brasil com as violas brasileiras nos anos 1950 e, mais depuradamente, a partir dos anos 1990, num processo que se desenrolou por quase cinco décadas. Lembremos que as violas brasileiras descendem das violas portuguesas.

Foi então construída, sob a nossa supervisão e utilizando como modelo uma viola minha feita pelo *luthier* da cidade de Sabará, Minas Gerais, Vergílio Artur de Lima, uma nova viola que a Nilsa Alves, a diretora da fábrica, bem como o professor Jorge Castro Ribeiro[4], chamaram de braguesa acaipirada.

---

3. Carlos Paredes e seu arcabouço poderoso de composições nos ensinam que, mesmo tendo raízes, um instrumento deve, ao mesmo tempo, ter asas, e que nunca devemos restringir o instrumento a um uso cultural. O instrumento pode ser representante de determinadas culturas quando tocado, mas, como instrumento, está livre ao serviço da música e não aprisionado ao conjunto de recursos das culturas específicas que o utilizam.

4. Um dos diretores do Projeto AtlaS – Atlântico Sensível.

Após concluída a tarefa, Nilsa entregou a mim a viola, como um presente. Eu recusei e sugeri que a viola deveria circular, mês a mês, pelas mãos dos diversos tocadores por todo o país para que, após o convívio com o instrumento, os músicos pudessem tecer comentários e sugestões para a sua melhoria. Era também pedido a eles que gravassem algo tocando essa nova viola.

A Artimúsica, empolgada com o resultado, resolveu estender essas inovações para todos os outros modelos de violas fabricadas em Portugal, quais sejam, além da braguesa, a toeira, a campaniça, a beiroa, a amarantina, a de arame e a da terra, sendo as duas últimas dos arquipélagos da Madeira e dos Açores, respectivamente.

Esse processo de construção ocorreu no ano de 2021 e foi documentado por nós contando com a participação do professor Jorge Castro Ribeiro e a colaboração imprescindível de dois bolsistas encarregados da captação de imagem e som, Catarina Alves Marques e João Valentim[5].

Relações Humanas no Mundo da Viola

Uma outra ação por mim empreendida durante a minha permanência como pesquisador do Projeto AtlaS, em Portugal, foi voltada à tentativa de interferir na maneira como os tocadores de viola se relacionavam entre si.

Chegando ao final da minha estada junto ao INET e a Portugal, a partir das entrevistas que já havia realizado e por ter participado de inúmeros encontros de violeiros e tocadores de viola, percebi que pairava entre eles um imenso desconhecimento musical acerca das práticas de seus iguais. E certamente o fator para

---

5. Disponível no YouTube sob o título *De Mão em Mão: Violas Portuguesas e os Novos Desafios*.

tal desconhecimento não era a distância física que os separava, ainda mais em um mundo interligado instantaneamente pela internet. Percebi que tocadores de uma freguesia sequer conheciam os tocadores da aldeia vizinha.

Isso me incomodou porque, no Brasil, o que tirou a viola do restrito mundo das expressões ligadas a um imaginário rural e a trouxe fortemente para outros segmentos musicais, como a música clássica, o *rock*, a música popular e a música instrumental brasileira, foi exatamente o dar as mãos entre os tocadores, percebendo que um grupo de violeiros certamente teria mais força de exposição ante a mídia e ao público que atitudes individuais.

Nesse contexto, a minha geração foi a responsável não só pela expansão performática do instrumento como também pela sua inclusão nos cursos de instrumentos das universidades. Desde 2005, a viola figura no curso de bacharelado do Departamento de Música da ECA–USP. Esse acontecimento tem motivado outras universidades a abrirem semelhantes cursos, não sem uma certa resistência imensa do *stablishment* da música europeia, que domina as bases curriculares dos cursos superiores de música no Brasil.

A entrada da viola na universidade representou mais que apenas a entrada de um instrumento em um curso de música, representou a entrada do saber oral, do saber popular dentro do templo do saber escrito, sugerindo, assim, o fim da separação desses campos de conhecimentos, que jamais poderia ter acontecido séculos antes, haja vista o Brasil, até o fim do século XIX, ter sido um país construído a partir de uma transmissão predominantemente oral, aural e corporal, saberes ainda refutados ou vistos com reserva nas universidades da Europa e da América Latina.

Voltando aos tocadores portugueses e o desconhecimento que tinham de seus pares, percebi também que esse distanciamento era movido pelo medo de terem suas ideias musicais

DA PRÁTICA, A TEORIA

roubadas quando expostas e, mais que isso, de terem seus conhecimentos colocados em xeque ante a diversidade que se apresentava nas diversas formas e pessoas que tocavam. Como se o não envolvimento com seus pares fosse a maneira de cada um preservar, blindado em si próprio, o seu *status quo* de tocador. Curioso que a afirmação do bom tocador muitas vezes não era manifesta quando ele tocava, mas, sobretudo, quando não tocava, não se misturando e mantendo mistério sobre suas técnicas e composições.

Notei, ainda, uma animosidade gratuita entre os tocadores de uma mesma região ou de um mesmo tipo de viola, como se pudesse haver apenas um grande representante para cada local e para cada variedade do instrumento[6]. Além disso, havia a percepção equivocada, manifesta por um tocador de cavaquinho num dos encontros de tocadores dos quais participei, que o mercado da viola e do cavaquinho tinha um público muito pequeno e não seria, então, correto dividi-lo com outros tocadores. Insisti com todos que o que achavam era exatamente o contrário da realidade, pois quanto mais se divulgasse a viola e o cavaquinho, mais público angariariam para suas atividades, como pudemos perceber em nossas atividades pelo Brasil.

Essa animosidade, que estava presente entre os tocadores mais velhos, não condizia mais com a realidade atual. Nós, jovens nos anos 1980 e 1990, percebemos que quando um de nós se apresentava em um local ou casa de espetáculo onde a viola nunca antes estivera, a possibilidade de se criar um público para o segmento aumentava, pois cada tocador era arauto e também divulgador da cultura e do universo sonoro e cultural oferecido pelas violas.

---

6. Sobre essa animosidade entre violeiros, conferir o ensaio "Viola: Uma História Sonora do Povo", pp. 35 e ss.

Também no Brasil, nos anos 1990, foram feitos, por nós, eventos, encontros e diversas outras ações, nas quais todos os tocadores tinham um igual tempo de exposição ante o público e, mormente, nos apresentávamos juntos, embora todos fossem solistas e acostumados a uma carreira individual[7].

Percebemos que, na medida em que os frutos dessas ações contemplavam todos que delas participavam, o campo das disputas ia se desfazendo e, aos poucos, deixou de existir, pois dar as mãos era uma atitude que rendia mais frutos a todos do que apenas andarmos sós. Na geração seguinte a esse processo de renovação da viola, a prática da competição e da disputa está mitigada e sem espaço em território brasileiro.

Deparei também, em Portugal, com a maledicência quando um tocador era contemplado em algum projeto ou lançava um novo trabalho. Os outros, na sua grande maioria inconformados com o sucesso e reconhecimento de outrem, cuidavam de tecer comentários que desabonassem a conquista alheia e enaltecessem a si próprios, ali, no caso, apresentados como frutos de uma injustiça e falta de reconhecimento.

Transcrevo, "ao pé da letra", uma mensagem de áudio recebida em meu WhatsApp, no dia 29 de junho de 2021, às 09h53, de um tocador português, após ter comentado com ele que percebia entre os tocadores de viola uma prática subjetiva fundamentada na inveja ante o sucesso e reconhecimento dos outros. Ele disse:

Essa característica de que falas, de sentir quase uma inveja do sucesso dos outros etc., etc., para nós é tão natural que não percebemos. Mas, efetivamente, é assim, e o teu olhar de estrangeiro é que te permite estar sensível a isso. Nós já estamos imunes, já não percebemos muito.

---

7. Eventos como No Encontro das Cordas (1996), Violeiros do Brasil (1997) e diversos pequenos outros encontros comprovaram a eficácia dessa prática, sobretudo por conseguirem, assim, alcançar um público maior.

Claro que é pequenez, claro que é… pronto, eu usei a palavra inveja e, se calhar, é mesmo isso. Mas sabes que nós temos cinquenta anos, esses cinquenta anos que se passaram desde a nossa liberdade, nosso ato de libertação da ditadura. Durante esses cinquenta anos, vimos coisas acontecerem, terríveis, mas muito mais, e é claro que determinados organismos têm pessoas preferidas e que acarinham, e que protegem, em detrimento d'outras, e, portanto, não é a pessoa com mais valor, com mais reconhecimento, com mais trabalho que muitas vezes tem a sorte de ser escolhido ou ser eleito etc., etc., mas é o que se move melhor, o que bate mais nas costas do outro, bate pancadinhas nas costas, né!? O que faz mais festinhas ao outro etc., etc., e, portanto, há sempre aqui um desconfiar, e eu, agora, por exemplo, estava a ver a minha vida aqui, minha vida normal, familiar etc. aqui na minha terra, na minha terrinha em que quando se ouve: "Olha, fulano, sabes, sei lá, teve um apoio da Câmara para publicar um livro", "Oi, e por que este? E por que não outro?", e tal e tal. Nós estamos já a ver o que é que está por trás daquilo, porque é que ele foi escolhido. E às vezes… muitas vezes, chega-se facilmente ao motivo: "Ah, porque é cunhado não sei quanto e tal e tal". Percebes? Portanto, é isso. Como te disse, eu reconheço perfeitamente que é pequenez. Por outro lado, é quase um modo em que a sociedade em Portugal está a operar, percebes, há muitos anos já. Não é de hoje. O compadrio e tal, e tal. Ó pá, e pronto, e… é pena que nesses assuntos em que devíamos estar todos… é… pronto, perdão, é pena que neste particular nas violas nós não consigamos desligar disso e pormos todos no mesmo nível porque, efetivamente, é aí que está a razão, e a grande virtude era essa, a de se conseguir isso, aos bocadinhos… nunca conseguiremos com todos, obviamente, mas vamos conseguir com um bom grupo.

Ficava claro, em conversas que mantive com todo o elenco de músicos ligados às violas em Portugal por mais de dois anos consecutivos, que parte dessa competição tão acirrada que impedia os tocadores de se conhecerem estava ligada à formação que vários tinham pela via da música escrita, erudita, mais especializada em formar grandes intérpretes que criadores – pois esses, nos cursos de música, são colocados em uma classe à parte, a de composi-ção–, o que acabou por fortalecer uma rivalidade pautada pela concepção de que havia uma forma única e ideal para se tocar o instrumento, fundamentada em percepções sobre uma época remota a partir da época de hoje, o que, por si só, já contradiz a ideia de que somos frutos do momento em que vivemos e de que os compositores estudados nos cursos de música erudita foram pessoas de seu tempo e da sociedade em que viveram e, de forma alguma, poderiam ter vivido descolados desse tempo-espaço.

Enfim, uma definição de como é o belo, de como é o ide-al, desprezando, assim, a imensa diversidade cultural e a possi-bilidade criativa de cada um, pois há sempre que se seguir um padrão predeterminado simbolicamente por quem se apresenta como sabendo mais que os outros restantes. E é curioso que, no campo da música, no qual é necessário um resultado prático, efetivo, sonoro do que se fala, muitas das pessoas que arrogam para si a autoridade do conhecimento sobre os outros são teó-ricos e muitos sequer tocam um instrumento. Isso aponta para uma destituição do saber produzido pela prática, pela experiên-cia, embora este mesmo saber venha a ser o objeto de estudo da teoria. Pergunto se é perceptível a todos que me leem o nó que foi criado, segundo o qual o que emerge é um valor simbólico e, enquanto tal, não materializável?

A Alternativa

Movido, então, por um razoável inconformismo ante essa situa-ção, com a ajuda e os contatos de um amigo tocador português, o Luís Capela, criei um fórum virtual que pudesse congregar toda essa imensa diversidade de toques das violas portuguesas, e, mais ainda, onde eles pudessem se conhecer e trocar experiências pes-soais com os outros presentes.

Para a estrutura do fórum, sugeri encontros semanais de duas horas: na primeira meia hora do encontro, um tocador de viola por vez apresentaria o seu trabalho, e, no tempo restante, podíamos discutir temas como afinações, escritas em partituras de um instrumento que tem pares de cordas oitavadas, técnicas de mão direita, de mão esquerda, mercados de trabalho, dentre outros assuntos que surgiam.

Outro trabalho importante durante o fórum foi a construção de ações agregadoras e que todos colaborassem para que as disputas pudessem ser dirimidas, pois alguns dos tocadores presentes no fórum se escondiam diante da palavra dita, sem efetivamente mostrar como tocavam o instrumento.

Num dos encontros, solicitaram a mim e ao Fernando Deghi, tocador brasileiro hoje residente em Castelo Branco, Portugal, que mostrássemos como, ao longo de quase trinta anos, aprimoramos no Brasil a forma de escrita para um instrumento que tem pares de cordas oitavadas e que, entre alguns tocadores brasileiros, já é tocado de forma que não soem sempre os cinco pares de cordas, mas sim dez cordas independentes. No ato dessa exposição, um dos tocadores que assistia levantava restrições às formas escritas sempre com argumentos infundados. Pedi, então, a esse músico que disponibilizasse na tela uma de suas partituras para entendermos melhor o que ele dizia, e ele, com uma certa vergonha, respondeu:

– Eu nunca escrevi numa partitura uma música de viola.

Nesse momento, educadamente, eu disse:

– Entendi, você nunca escreveu uma música de viola na partitura e está questionando, sem fundamento algum, a forma como, depois de trocas entre colegas por quase trinta anos, chegamos a essas conclusões. Entendi!

Numa prática musical fundamentada na rivalidade e na competição, as pessoas agem sempre conforme a ideia de que o tratamento com o outro deve ser construído no conceito dos "dois pesos e duas medidas", ou seja, se o tocador é bom e eu me sinto inferior a ele, trato-o com imensa deferência e uma certa subserviência, mas se eu considero o tocador inferior a mim, trato-o com indiferença e, por vezes, sequer o ouço, desprezando as suas ideias e composições.

No bojo dessa lógica, surgiram celeumas e discussões no fórum que, se tivessem acontecido ao vivo, resultariam em sopapos e agressões. Mas entendi que tudo aquilo fazia parte de um processo maior, pois era a primeira vez que esses guerreiros se encontravam em uma mesma arena tentando falar sobre um mesmo assunto.

Aos poucos, como mediador dos encontros, consegui, com a ajuda do amigo tocador Luís Capela, ir apaziguando os ânimos provenientes da excessiva insegurança manifesta na maneira egoica e, portanto, insegura como alguns dos participantes se manifestavam. Por ser tocador reconhecido e com vasta discografia desenvolvida para a viola[8], tratando todos como iguais a mim e sendo tratado com deferência por todos, pude, lentamente, impor a ideia da necessidade de nos olharmos a partir de uma perspectiva horizontal e não vertical, pois a igualdade entre os participantes e a partilha de conhecimentos pautada pela prática de que somos todos diversos e que cada um de nós tem o seu quinhão original para apresentar, deveria ser o mote principal do nosso relacionamento profissional. Citava, ainda, um ditado popular goiano de fina e profunda sabedoria, em que "mais vale ser um sapinho de lagoão que um sapão de lagoinha". Esse pequeno dito popular guarda uma carga filosófica ampla e densa que se adequa a diversas situações da vida, nas quais, se me sinto seguro, me posiciono aberto e com humildade ante a presença do

8. Até julho de 2022, foram vinte discos gravados.

DA PRÁTICA, A TEORIA

outro, o que me move a estar numa posição de sempre aprender, mas se não sou convicto de minhas potencialidades, construo, em torno de mim e de meus pupilos, um cerco pautado pela disputa, pela rivalidade, pela maledicência e pela ideia de que só o meu conhecimento é válido, ferramentas todas aptas a destruir o outro e consolidar o meu pequeno e acanhado espaço.

Em experiência recém-adquirida no Brasil, a convite de uma grande entidade cultural do Estado de São Paulo, o Sesc (Serviço Social do Comércio), pude conceber e dirigir a produção de duas coletâneas que pudessem traçar uma cartografia e, por que não, também uma etnografia da viola e seus tocares pelo Estado de São Paulo. Imbuído dessa prática, sugeri aos músicos participantes do fórum em Portugal a gravação de uma coletânea em que todos pudessem participar com uma música, de maneira que começássemos a criar meios e alternativas para divulgar as violas portuguesas e seus artífices ao público português.

Também pedi que se organizassem em pequenos grupos para fazerem concertos, pois a mídia de Lisboa ou do Porto ou de qualquer outra cidade portuguesa jamais daria espaço em suas publicações ou emissões para a apresentação de um tocador, mas certamente se interessaria em falar de cinco ou dez desses tocadores que se apresentassem juntos. Isso levantaria o interesse e a curiosidade das pessoas. Esse foi um dos artifícios que utilizamos no Brasil e que propiciou resultados imensos que, antes de serem colocados em prática, eram inimagináveis.

O fórum foi criado com a ideia de lançar sementes, pois percebi que o escasso campo de trabalho para as violas em Portugal estava ligado a um pensamento em que imperava a carência e não a fartura. Imperava a falta de contatos entre os pares, a falta de espaços para se tocar, a falta de iniciativas pessoais e do poder público, a falta de generosidade de uns para com os outros, a falta de acolhimento para com a música do outro, enfim, ideias opos-

167

tas à abundância e à fartura, lembrando do que já foi relatado: a presença de um tocador em uma localidade que desconhecia o instrumento acabava por abrir portas aos outros tocadores, que então tocariam para um público que já sabia o que era e o que poderia ser feito com uma viola. A mesma prática, porém, com um olhar diferente. E aqui me reporto ao tocador de cavaquinho, citado páginas antes, que disse, num encontro em Coimbra, que, se o público para o instrumento já era pequeno, não faria sentido ensinarmos o cavaquinho a mais pessoas, pois, na sua torpe visão, os alunos se tornariam, com o tempo, concorrentes dos professores.

Como exemplo, relato que, nos idos de 1990, sugeri a quatro amigos que trocássemos uma caixa de discos, ou seja, eu daria uma caixa minha em troca de uma caixa com discos de um colega. Assim, nas apresentações, eu tinha cinco produtos para a venda ao invés de apenas um e, como já havia pagado por esses discos com a troca pelos meus, acabava vendendo cinco vezes mais; quase todos os colegas gostaram dessa opção, pois, além de venderem mais, tinham o seu trabalho divulgado pelos outros. Um dos músicos envolvidos nesse campo de troca, de mais idade e de pensamento calcado na carência e na disputa[9], disse um dia:

– O Ivan é burro, pois, se mal conseguimos vender nossos discos, para que temos que vender ainda os discos dos outros?

Notem que a mesma prática pode ser vista por ângulos opostos: temos uma ideia de fartura, generosidade e distribuição

---

9. Quando comecei a tocar viola, em 1992, tinha trinta anos de idade e já era um músico profissional. Registro aqui que não foi pequeno o meu espanto ao ver como alguns músicos já presentes no segmento da viola pensavam e agiam dessa forma, usando da maledicência e da influência pessoal para prejudicar outros músicos que, por tocarem bem, colocavam em xeque o *status quo* desses violeiros que, antes, tinham o espaço da viola só para si.

DA PRÁTICA, A TEORIA

e outra, oposta, de penúria, pensamento individual e autocentra-do e de carência.

Ainda em relação à experiência portuguesa, notei que parte do que mantinha as violas portuguesas em um exílio no próprio país estava também ligado à ideia do que vinha a ser tradição.

No âmbito do legado salazarista, a tradição passou a ser vista como uma árvore que deveria ter fundas raízes, mas não poderia gerar frutos que não fossem exatamente iguais a estas raízes. Diferentemente, no Brasil, pensamos que a tradição é uma raiz que só sobreviverá se lançar seus frutos cada vez mais longe[10]. Notemos que esses dois pensamentos divergentes são também frutos das práticas empreendidas décadas antes por agentes, no caso, Salazar e Vargas, sobre a cultura de seus povos, como cito em um dos ensaios deste livro. De um lado, a excessiva intervenção de Salazar, que rompeu o fluxo do que era sentido e percebido para então ser manifesto e, de outro, o descaso e abandono de Vargas, que acabou por deixar a cultura popular ser como ela sempre vinha sendo[11].

"Tradição não é o culto às cinzas, mas a preservação do fogo", frase atribuída ao compositor Gustav Mahler, mas essa ideia possivelmente seja da autoria de Jean Jaurés, sociólogo francês, embora, mais que sabermos quem a cunhou, o importante é que nos atenhamos a essa ideia[12]. Em um dos encontros do fórum, deixei claro que herdamos práticas e atitudes boas do meio em que crescemos e vivemos, mas também herdamos algumas não tão boas. Vivemos numa sociedade na qual o ma-

10. Isso pode ser observado na retroalimentação mantida entre o folclore e a música popular, num vaivém constante, onde as músicas mais midiáticas, como o *funk*, têm sua base rítmica criada a partir de uma dança folclórica, o maculelê.

11. Discorro largamente sobre essa situação no ensaio "Vargas, Salazar e o Destino das Violas", pp. 89 e ss.

12. Extraído do artigo "Irrwege einer Metapher", de Gerald Krieghofer, disponível no *site* Wiener Zeitung.

169

chismo e o racismo são estruturais, mas temos a liberdade de não sermos assim, de escolhermos um outro caminho. Assim, essa prática da maledicência e da disputa e do não acolhimento e respeito ao outro poderia ser trocada pela prática do bem-querer, do torcer para que o outro realizasse os seus sonhos, pois cada conquista pessoal é, antes de tudo, o resultado de uma colheita coletiva, além de ser também fruto de plantios que desconhecemos por não acompanharmos de perto a vida do colega tocador. E a conquista de cada um, quando todos pensam e agem juntos, é uma conquista para o grupo, na medida em que é recebida e partilhada por todos. Como cita o jagunço Riobaldo, em *Grande Sertão: Veredas*, de Guimarães Rosa (p. 74), "a colheita é comum, mas o capinar é sozinho".

DA PRÁTICA, A TEORIA

Vitrines de lojas de CDs em Aveiro, Portugal

Uma vez, passando por uma loja de discos em Aveiro, Portugal, Gabriela Jahnel, antropóloga e educadora brasileira, chamou-me a atenção para souvenires de pequenos instrumentos expostos na vitrine. Havia ali uma pequena formação com piano, harpa, bandola, banjo e bateria, também um quarteto com violoncelo, viola de arco, violino, acordeão e piano, várias guitarras elétricas, guitarras portuguesas e vários violões, mas não havia ali nenhuma viola.

Ela já deixara de fazer parte do imaginário do povo português, sobretudo dos mais jovens, que demonstram hoje um certo horror à palavra tradição e a tudo o que ela envolve, e a viola sempre foi tratada por todos como um instrumento tradicional português. Sugeri aos tocadores que a tratassem não mais como um instrumento tradicional, mas sim como um instrumento musical ou apenas como um instrumento português, pois o termo tradicional tornara-se uma pecha com alto valor depreciativo dada a maneira como se construiu a percepção de tradição em Portugal. Mas percebo até hoje que o apego que os portugueses têm à tradição é muito mais forte do que foi a minha sugestão.

Em paralelo à minha proposta da confecção de um disco--coletânea que envolvesse a participação dos integrantes do fórum e de outros tocadores em Portugal, Napoleão Ribeiro, antropólogo e ativista cultural de Santo Tirso que participa do fórum, sugeriu que também lançássemos um livro com as partituras das músicas gravadas, e, ainda, que fosse feito um inventário dos construtores de viola presentes em Portugal, além de um pequeno currículo de cada um dos tocadores que gravassem.

Foram criadas equipes de trabalho e o fórum começou, aí, a cumprir a sua principal função: a de que todos pudessem dar as mãos em prol não propriamente de suas carreiras, mas da difusão e divulgação de um instrumento que agora se mostra, nas mãos desses tocadores, como um instrumento atual, que mantém vivas as suas raízes, expressas nas músicas tradicionais e antigas, mas também dialoga com as modernizações musicais surgidas, além de ainda poder expressar os talentos criativos individuais de cada um.

Durante os quase três anos da investigação que fiz para o Inet, ao invés de determinar uma literatura para começar o trabalho de campo, que era o que a equipe inicial do projeto sugeriu, tomei a atitude contrária de deixar que o campo apontasse as literaturas que poderiam abarcar toda a problemática surgida durante a investigação. Assim, três intelectuais emergiram, mais que outros, com seus trabalhos. Foram eles: Bruno Latour, com a sua teoria do Ator-Rede; António Garcia Gutierrez, com o conceito de desclassificação, epistemografia e respeito à espontaneidade das manifestações no campo; e Norbert Elias, com a ideia de que as periferias, longe das representações simbólicas presentes nos centros administrativos, conseguem estar mais livres de predeterminações

DA PRÁTICA, A TEORIA

e agir de maneira mais fluente e espontânea numa dimensão na qual o processo criativo, por si só, ganha relevância ante formas já estanques do fazer musical[13].

No fórum, alguns me diziam:

– A viola no Brasil está pelo menos trinta anos na frente das violas portuguesas.

Eu respondia:

– Não, elas estão lado a lado e só depende da mudança de atitude de cada um de vocês em relação aos seus colegas para que, como num passe de mágica, esse instrumento caminhe para o mundo, pois todo instrumento que tem raízes, em algum momento precisará ter asas para se manter vivo e também várias mãos que o atirem para o alto, pois uma só andorinha não faz verão.

Com a oportunidade de poder realizar esse trabalho, renovamos uma prática que fora desenvolvida na América Latina no início dos anos 1960, chamada pelas ciências sociais, marcadamente a antropologia e a sociologia, de pesquisa participante, na qual, ao invés de, numa investigação, apenas colhermos frutos para nossas pesquisas e projetos, também podermos deixar sementes para que outros pesquisadores, nossos filhos, ao pesquisarem, possam saborear os frutos do pomar que ajudamos a plantar nos locais pesquisados, além de aprenderem que, quando se colhe uma informação em um lugar, é de bom tom deixar outra.

Assim, o fórum tem crescido e, na oposição inicial do movimento da maioria dos tocadores, eu insistia para que agregássemos e acolhêssemos cada vez mais tocadores de tendências diversas, mostrando que o saber de um poderia ser complementar e não concorrente ao saber do outro.

---

13. Foi na Ilha da Madeira que senti a cena musical mais expandida e aberta a outras influências.

HISTÓRIA E CULTURA NO SOM DA VIOLA

Manifestações de recusa e preconceito como "este não toca viola", ou "este não está tocando conforme a tradição", ou ainda, "este toca viola igual violão", "aquele toca *rock* e com a viola não se pode tocar isso", enfim, toda ordem de restrições e engessamentos que, no fundo, evidenciavam a tentativa insegura de construção de um poder simbólico[14] – e, portanto, não materializável – de uns sobre os outros, calcado numa ideia de reserva de tradição, era agora obsoleto e desnecessário ante a nova ideia de que, acima de cada um, pode estar a sobrevivência, a manutenção e a renovação de um instrumento tão representativo da cultura de alguns povos.

O bonito em sermos diferentes é que vamos aprendendo o tempo todo com as informações e conquistas dos outros.

---

14. Partindo aqui da perspectiva apresentada por Norbert Elias em seu livro *Os Estabelecidos e os Outsiders*.

A TÉCNICA DAS DEZ CORDAS

Desde que comecei a tocar viola, em 1992, fui descobrindo as inúmeras possibilidades em um instrumento que estava, há mais de um século, relegado a um subproduto da cultura musical brasileira. Tendo sido trazido aos discos pela produção musical dos caipiras, que sequer foi tratada como um segmento da música popular brasileira, a viola teve seu espaço e foco diminuídos em função da depreciação sócio-histórica sofrida por seus tocadores, ao lado dos repentistas nordestinos, durante e após o período do êxodo rural, que compreende, aproximadamente, o período de 1920 a 1970.

Antes, eu tocava violão, e o processo de descoberta da viola se deu em função da composição de uma ópera caipira[1] entre os

---

1. *Cheiro de Mato e de Chão* tem libreto do poeta Jehovah Amaral e música minha. O libreto e o convite para a composição chegaram a mim por um

anos de 1992 e 1994. Daí, aos poucos, a viola foi ganhando em mim o espaço antes ocupado pelo violão.

Por se tratar de um instrumento com cinco pares de cordas, sendo os dois primeiros uníssonos e os três seguintes oitavados, e ainda contar com outras afinações, além da utilizada no violão, iniciei, então, um processo de descoberta do instrumento, que ganhou dois caminhos diferentes: primeiro o do uso do braço do instrumento, que resistia à utilização de uma concepção de uso mais verticalizado, com acordes, como no violão. Não soava bem no instrumento a sucessão de blocos (acordes) contínuos, sobretudo pela presença dos pares oitavados que não efetivavam a ideia de inversões e condução harmônica.

Para tal entrave, recorri a uma questão histórica que versava sobre o uso do instrumento em seus pregressos períodos, o contraponto[2]. Ora, a viola teve o seu apogeu em Portugal, seu país de origem, nos períodos da Renascença e do Barroco, nos quais a concepção harmônica da música da época, e não propriamente a da viola, se dava pelo desdobramento horizontalizado das várias vozes em contrapontos.

Iniciei, então, uma busca pelo entendimento do braço da viola como um campo de vozes dispostas, no qual os acordes surgiam por decorrência do encontro das vozes (melodias) e não como intenção primeira da busca sonora.

O resultado foi, aos poucos, se delineando numa outra forma de tocar viola, conforme a qual o braço, sendo explorado horizontalmente, oferecia uma outra dimensão sonora que foi se descortinando na viola como outro campo de possibilidades e descobertas.

---

convite feito por minha querida professora Niza de Castro Tank (*in memoriam*).

2. Contraponto, *grosso modo*, é a arte de combinar melodias simultâneas. As missas de Palestrina e as fugas de Bach são claros exemplos do uso dessa técnica.

E o primeiro passo para efetivar essas descobertas foi iniciar um intenso trabalho de composição para o instrumento, que resultou no meu primeiro disco solo de viola, o *Paisagens* (1998), indicado, em 1999, ao Prêmio Sharp, na categoria Revelação Instrumental, saindo, aí, do âmbito em que a viola era tratada como música regional, termo que, por si só, aponta para uma visão etnocêntrica, ao presumir que, para haver um regional, deva existir um central[3]. E o termo regional, que deveria ser mais um designativo de localidade, acabou ganhando uma nova conotação qualitativa, no caso, depreciativa.

A partir do disco *Paisagens*, fui delineando uma nova possibilidade de uso para o instrumento, que ampliaria todo o espectro de possibilidades rítmico-melódico-harmônicas, pensando na viola como um instrumento solista com dimensão orquestral. Isso foi resultando num adensamento da massa sonora, que agora partia da ideia de ser um instrumento de dez cordas e não mais de cinco pares, sendo elas tocadas, corda a corda, na mão direita.

Nesse ínterim, eu havia me formado em composição musical pela Unicamp em 1994 e terminado um mestrado em 1999. Passei, então, a dividir meu trabalho entre o palco e a sala de aula, onde, em Campinas, ensinei a viola, em cursos livres e aulas particulares, para aproximadamente duzentos alunos, dos quais falarei mais à frente.

Após ter gravado o meu primeiro disco de viola autoral, o *Paisagens*, iniciei uma nova busca no instrumento a partir da confecção de arranjos diversos que pudessem abrir uma outra dimensão em seu uso. Daí, trabalhei, intencional e efetivamente, utilizando a viola como um instrumento de dez cordas e não mais de cinco pares.

---

3. Discuto esse tema no artigo-conferência "Por Que a Minha Música Não Entra no Repertório?", presente neste livro, pp. 187 e ss.

Confeccionei arranjos diversos, que passavam por temas da música popular brasileira, como *Valsinha* (Chico Buarque e Vinícius de Moraes), *Ponteio* (Edu Lobo e Capinan), *Nascente* (Fávio Venturini e Murilo Antunes) e *Nós Fiéis* (Carlos Brandão e Gustavo Veiga), temas do universo da viola, como *Doma* (Almir Sater e Zé Gomes), *Luzeiro* (Almir Sater) e *Carreirando* (Pereira da Viola), música caipira, como *Chora Viola* (Tião Carreiro e Lourival dos Santos), *Eleanor Rigby* (Lennon e McCartney) e *While My Guitar Gentle Weeps* (George Harrison), e temas já de domínio público, como o lundu *Pescador* (Xisto Bahia) e as modinhas *Viola Quebrada* (Mário de Andrade) e *Moreninha* (anônimo, século XIX), além de dois temas já com moderna concepção instrumental, *Canção de Passarim/Recortado para Ivan* (Deuler Andrade).

Na elaboração desse disco, fui desenvolvendo a técnica específica para a utilização das dez cordas. E, aqui, volto ao início, quando falava de uma nova apropriação proposta para a viola, primeiro na mão esquerda sobre o braço do instrumento na busca de uma linguagem mais horizontalizada e agora na mão direita, na qual os dedos e sua ação foram absolutamente modificados para dar conta de pinçarem cordas muito próximas, do mesmo par, de forma independente e desvinculada uma da outra.

O Caminho

Exponho, agora, um relato do processo que me levou ao domínio dessa técnica, que durou mais de um ano, com muitas horas dedicadas à sua busca na viola.

O primeiro passo foi pedir ao *luthier* que fez a minha viola, Vergílio Artur de Lima, para aumentar em aproximadamente meio milímetro a distância entre as notas do mesmo par. Isso, se visava facilitar o pinçar de uma só corda do par, também apresentou uma outra ordem de problemas, pois, ao tocar o par, as

A TÉCNICA DAS DEZ CORDAS

notas produziam agora um som defasado no ataque, não soavam mais juntas[4]. Onomatopaicamente falando, ao invés de um *pam*, faziam agora um *pa-ram*.

Pensei que isso se resolveria apenas aumentando a velocidade do toque dos dedos na mão direita ao ferirem o par de cordas, mas, ao aumentar a velocidade, aumentou também o volume.

Vale aqui uma observação de ordem técnica na execução de instrumentos de cordas dedilhadas: temos três maneiras de aumentar o volume em um ataque às cordas, quais sejam força, aumento da alavanca e velocidade. Se formos construir um gradiente sonoro que parte do *ppp* (piano pianíssimo) ao *fff* (forte fortíssimo), perceberemos que, ao utilizar essas três diferentes maneiras, obteremos três diferentes resultados sonoros. Ao aumentar a intensidade com o uso de uma força progressiva imposta ao dedo que toca a corda, teremos uma curva dinâmica não muito estável, dado dependermos, aqui, apenas do controle físico da ação do dedo na corda. Seria, ao meu ver, a menos recomendada.

De forma intermediária, temos a utilização do aumento da alavanca do dedo que toca a corda. Essa alavanca se dá com a utilização do dedo e da mão diminuindo a distância do dedo em relação à corda pela ação do pulso que, curvando, aproxima ou afasta esse dedo da corda que está sendo tocada.

A maneira mais efetiva, porém, de obtermos um bom gradiente de intensidade sonora é ir aumentando gradativamente a velocidade do toque.

Voltando, quando aumentei a velocidade do toque, aumentei também o volume. Foram aproximadamente quinze dias para conseguir tocar com velocidade (para eliminar o *pa-ram*) sem

---

4. Em música popular, chamamos de *flan*.

aumentar o volume. Essa descoberta consistiu num movimento de tocar afastando a mão do instrumento de maneira quase imperceptível.

Resolvido este passo, surgiu um empecilho maior a ser superado, pois a diminuição da amplitude do movimento na mão direita acabou gerando uma nova forma de se movimentar as musculaturas finas do braço, antebraço e mão direita. O resultado foi uma inflamação generalizada de todo esse sistema muscular, pois o toque deveria ter um determinado vigor para fazer as cordas soarem.

Para isso, recorri à ajuda da Técnica de Alexander, com o acompanhamento de uma amiga terapeuta, Regina Vieira, por aproximadamente um ano e meio, buscando entender como se daria esse novo redimensionamento da ação do braço e da mão direita na execução do instrumento.

O primeiro ponto a ser observado foi o controle que o cotovelo exercia sobre o equilíbrio-ação desse sistema, operando como o principal centro de equilíbrio das alavancas criadas pelo braço, pela mão ou pelos dedos. E o cotovelo só adquiria essa propriedade se o ombro estivesse totalmente relaxado.

Nessa busca, fui descobrindo que a ação da gravidade seria imperativa no acerto de uma das cordas do par, a de cima ou a de baixo, ou seja, para destacar a corda de cima do par, bastava subir o ponto de articulação do ataque, sendo o ponto de articulação o nó que liga os dedos à mão. E, para tal, o giro do antebraço era o que fazia o pulso levar os pontos de articulação para cima ou para baixo.

Se o ponto de articulação subia, atingia-se a corda de cima com precisão e, se o abaixássemos, a corda atacada seria a de baixo do par. Mesmo tocando por pares, obtinha-se um destaque maior de sonoridade de uma ou outra corda conforme se modificava esse ponto de articulação.

Aos poucos, fui percebendo, pela prática da Técnica de Alexander, que o tocar poderia ser pensado como a grande musculatura atrelada ao esqueleto sendo determinante na movimentação da pequena musculatura.

Chamei esse trabalho de "do grande para o pequeno", ou seja, a movimentação dos pequenos tendões estava absolutamente subordinada à maneira como os grandes músculos e o esqueleto se articulavam e se movimentavam.

Isso mudou radicalmente a maneira como comecei a pensar no movimento da mão esquerda. Quando apoiamos e relaxamos a mão esquerda com a palma voltada para cima, tendo-a apoiada em alguma superfície, percebemos que, sem a ação dos tendões que correm pelas costas dos dedos e ao longo da palma da mão, a mão fica com o formato arredondado e não com os dedos esticados. E é essa a posição que deve ser levada ao braço do instrumento.

Há que se pensar, então, a partir daí, que o polegar da mão esquerda que chegará às costas do braço do instrumento necessitará ter como ponto de contato o nó que separa suas duas falanges, pois, se apoiamos apenas a primeira falange do polegar no braço, ocorrerá, espontaneamente, uma tensão que se resvalará ao dedo indicador, e, se apoiarmos a falange mais próxima à mão, a palma da mão encostará na parte de baixo do braço, limitando o seu movimento.

Com o polegar apoiado no nó que une as falanges do polegar, a mão chegará ao braço do instrumento de forma arredondada, de maneira que, com o movimento do cotovelo para frente e para trás, os dedos, já naturalmente curvos, sem precisar da sua ação muscular, pressionarão ou não as cordas. Assim, pensa-se que nunca os dedos devem buscar as cordas ao longo do espaço do braço do instrumento, mas sim deixar que o cotovelo direcione e efetue esse movimento, guiando o antebraço e a mão. Aqui a ideia "do grande para o pequeno".

Também, tal qual no violão, ao se pretender tocar com a mão esquerda com os dedos mínimo e anular nas cordas de cima, traz-se o cotovelo para próximo do corpo, elevando esses dedos às cordas de cima no braço e, na intenção contrária, faz-se os dedos descerem.

Mas pouco se pensou que, elevando ou abaixando o polegar (movimento vertical) sobre o braço, se aumenta ou se diminui a alavanca dos dedos da mão esquerda sobre as cordas, uma vez que ficam mais arqueados.

A utilização dessas concepções acabaram por consolidar a efetivação da técnica por mim desenvolvida, com a qual, intencionalmente, e não por descuido ou opção da escolha da altura do ponto de articulação dos dedos da mão direita, conseguia-se atacar com precisão uma corda específica do par desejado[5].

Essa técnica contribui para a uniformidade do som quando tocamos, por exemplo, a escala duetada do primeiro e terceiro par. Se usamos, na mão direita, o indicador para tocar o terceiro par e o anular para tocar o primeiro par, sendo este uníssono e aquele oitavado com a corda aguda acima da grave, o indicador tocará mais fortemente a corda grave do terceiro. Por outra via, se utilizamos o polegar para tocar o terceiro par e o anular para o primeiro par, o som daquele destacará mais a nota aguda.

No contexto da ideia da Técnica das Dez Cordas, o anular da mão direita tocaria o primeiro par, enquanto os dedos indi-

---

5. Renato Andrade, ao tocar, conseguia pinçar apenas a corda de cima dos três pares oitavados (num par a corda aguda está sobre a corda grave). Assim fazia, no entanto, porque utilizava a mão perpendicular às cordas, o que deixa os pontos de articulação mais altos que as cordas que devem ser tocadas (técnica desenvolvida por Tárrega). Tocando dessa maneira, Renato pinçava a corda aguda, mas não conseguia pinçar, com o polegar, a corda grave, pois isso exigiria que o ponto de articulação de seu polegar estivesse abaixo ou na altura da corda a ser tocada e não acima, como a técnica que utilizava prescrevia.

cador e polegar tocariam juntos as duas cordas do terceiro par, respectivamente, a grave e a aguda, obtendo-se, assim, um som equilibrado no que toca à emissão dos volumes.

Para a escrita, fazemos do mesmo modo que para o violão e, quando se quer tocar especificamente uma das cordas do par, utiliza-se a simbologia de arcadas dos instrumentos de cordas friccionadas. Se nada se coloca, tocamos as duas notas do par, se a arcada é de cima para baixo, tocamos apenas a corda aguda (que está acima da grave), e se é de baixo para cima, tocamos apenas a corda grave do par[6].

Para a mão direita, havemos de pensar que o giro do antebraço direito acaba aumentando ou diminuindo o distanciamento dos dedos sobre as cordas. Assim, girar o antebraço na direção do dedo mínimo coloca os pontos de articulação do anular e do mínimo em maior distância da corda, o que, por aumentar a sua alavanca, aumentará o volume da corda tocada. E, para se destacar o volume da corda tocada com o indicador, fazemos o movimento do antebraço na direção do polegar.

No fundo, é complexo falarmos de sutilezas de movimentos de musculatura fina e grossa sem exemplificá-los. Assim, coloco-me à disposição para, com a viola nas mãos, mostrar todos esses processos. Em meus vídeos presentes no YouTube[7], fica clara a utilização desses recursos acima mencionados.

---

6. A ideia da utilização das arcadas me foi sugerida por um aluno de viola da USP, Ighor Águila.

7. Escrevendo no YouTube "Ivan Vilela viola" ou "Ivan Vilela violeiro" se obterá uma amostragem desses recursos.

CONFERÊNCIA

POR QUE A MINHA MÚSICA NÃO ENTRA NO REPERTÓRIO?[1]

Não temos grande dificuldade em pensar no nome de dois escritores ingleses, ou franceses, ou alemães, porém nos é difícil saber de dois escritores da Costa do Marfim, do Lesoto ou do Paraguai. Esse indicativo revela muito sobre a nossa formação e também nos leva a criar uma certa confusão entre cultura e civilização[2], reputando sempre uma cultura maior aos países economicamente privilegiados.

---

1. Conferência proferida na abertura do POST-IP'19 — Encontro Internacional de Pós-Graduandos em Música, organizado pelo Instituto de Etnomusicologia da Universidade de Aveiro, Portugal, em 2019, a convite da professora Susana Sardo, que, na época, era a diretora do Instituto de Etnomusicologia, polo de Aveiro. A pedido da professora Nina Graeff, a mesma palestra foi repetida na abertura do IV Colóquio de Pesquisa do Programa de Pós-Graduação em Música da UFPB, em 2020

2. Norbert Elias trabalha profundamente esses conceitos em *O Processo Civilizador*. O mesmo tema é recolocado em questão no livro *Cultura: Um Conceito Antropológico*, de Roque Barros Laraia.

Essa confusão aponta para um desvio etnocêntrico de construirmos nossa formação de maneira parcial, não percebendo o todo e sempre pensando na visão da totalidade do mundo a partir de uma parte que nos foi ensinada como a referencial.

A fala que ora discorro foi, em parte, calcada em um longo tempo de estudos e leituras, mas, sobretudo, na observação prática e no convívio musical como pesquisador, músico e educador que sou. Isso somado a uma não tão pequena carreira musical consolidada[3]. Venho aqui falar de questões relacionadas à (in)adequação existente entre metodologia e cultura na formação do ensino musical no Brasil.

Para entendermos melhor onde pretendemos chegar, preciso, antes, contar duas pequenas histórias que me moveram a buscar o entendimento do que irei expor. É fundamental, porém, antes de qualquer início, que tomemos consciência de que somos uma cultura de soma, qualquer atitude contrária a essa direção deporá contra nossa própria formação cultural.

Cresci no interior, onde a periferia se confunde com a zona rural, e, desde cedo, tomei gosto pelas manifestações expressas pelas culturas populares que me cercavam, sobretudo as folias de Reis e congadas, que estavam presentes no meu cotidiano de menino. Aos vinte e seis anos, após ter abandonado, tempos antes, uma graduação em História, foi-me sugerido pelo amigo e professor Carlos Rodrigues Brandão que fizesse um curso de composição musical. Após analisar, na época, o cenário dos cursos de música das três universidades estaduais paulistas, optei pela Unicamp.

---

3. Atualmente, conto com vinte discos gravados, algumas trilhas para filmes e teatro, uma ópera, inúmeros trabalhos como arranjador e diversas direções musicais de discos de outros artistas e coletâneas, somados a mais de mil e quinhentas apresentações por todo o Brasil e em palcos de diversos países.

Na faculdade de música, encontrei minha real condição. Os colegas do curso de música clássica do qual eu fazia parte tratavam-me como um músico popular, porque, para viver em Campinas, eu tocava em bares e dava aulas particulares de violão, e a imensa maioria dos meus alunos queria aprender MPB. Já os colegas do curso de música popular, que estava em seu primeiro ano de instalação, tratavam-me como músico regional ou folclórico – como alguns deles me chamavam –, porque eu já fazia pesquisas de campo e conhecia e transitava num meio musical que era tratado pela mídia e pelos musicólogos como música regional, termo cuja validade discutirei adiante, mas já podemos levantar uma primeira questão nesta nossa fala.

Para haver um regional, é necessário que exista um central. Perguntamos, então, quais foram as condições que estabeleceram o cânone do que veio a ser o central? Ainda mais num país multicultural como o Brasil, e por que não dizer, também, em Portugal, que apresenta traços de multiculturalidade em seu território.

Voltando à minha ambiguidade universitária, de músico popular para alguns e regional para outros, fui experimentando um "não lugar", pois não era reconhecido nem num nem noutro ambiente. O que pôde parecer um mal foi, na realidade, uma porta, pois permitiu que eu transitasse sem amarras pelos três ambientes: o da música clássica, o da popular e o da chamada música folclórica.

O segundo acontecimento deu-se por um telefonema que recebi de Renato Teixeira, renomado compositor brasileiro responsável pela inclusão da música de motivação caipira no seio da MPB. Renato telefonou-me e disse:

– Ivan, consegui convencer o reitor da UNITAU[4] a abrir uma faculdade de música em São Luiz do Paraitinga.

---

4. Universidade de Taubaté, uma autarquia municipal.

Renato nasceu em Santos, mas viveu a parte primeira de sua vida em Taubaté, Vale do Paraíba, estado de São Paulo. São Luiz do Paraitinga é uma pequena cidade na Serra do Mar paulista e, hoje, o maior patrimônio histórico-arquitetônico tombado do estado. É ainda berço de várias manifestações folclóricas e ponto de partida de alguns movimentos identitários de resistência cultural no Brasil, como o carnaval de marchinhas e a Sosaci (Sociedade dos Observadores de Saci), além do Grupo Paranga, importante grupo surgido nos anos 1980 que resgatou parte da produção do compositor Elpídio dos Santos, autor de clássicos da Música Popular Brasileira como *Você Vai Gostar (Casinha Branca)*, além de várias trilhas para filmes de Mazzaropi, que também era natural do Vale do Paraíba.

Renato continuou:

– Eu queria muito que você assumisse esse projeto, pois eu não entendo desses assuntos.

De início, me assustei com a proposta, mas me lembrei na hora de João Guimarães Rosa que, na fala de Riobaldo, em *Grande Sertão: Veredas*, disse que o que a vida quer da gente é coragem.

Mantive um intenso contato telefônico com Renato Teixeira ao longo de meses e um dia ele me relatou que sonhava ver os jovens músicos sabendo quem havia sido o Cartola, o Pixinguinha, a Chiquinha Gonzaga, o Noel Rosa, e mais, que conhecessem suas obras. Sugeriu, ainda, que a vivência desses repertórios deveria ser uma das bases de conhecimento do curso.

É pertinente o anseio do compositor Renato Teixeira, pois reflete, como a dele mesmo, parte da formação dos grandes ícones da MPB, que aprenderam "música de ouvido", vertendo-as diretamente para seus instrumentos a partir dos discos escutados ou depois de terem aprendido com alguém num processo que é aural/visual. Pouquíssimos músicos da geração dos anos 1960 e

1970 sabiam ler uma partitura ou tiveram formação baseada no ensino musical conservatorial.

E, aqui, nos surge outra questão: por que o saber empírico não é utilizado na formação musical acadêmica se, a olhos vistos, deu um resultado tão eficaz quanto o que foi a Música Popular Brasileira durante todo o século XX até os dias de hoje?

Jorge Larrosa Bondía, em seu texto *Notas Sobre a Experiência e o Saber de Experiência*, discorre sobre as intenções do neoliberalismo ao se apoderar de uma forma de educação que sempre fora fundamentada na somatória da informação com a experiência e da qual, agora, fora suprimida a experiência, deixando ao acesso de todas as pessoas apenas a informação.

A experiência nos atira a uma busca por conhecimento que é incerta, pois depende da nossa ação ante o objeto do conhecimento. Existe a possibilidade de não atingirmos o ponto almejado em nossa busca, mas certamente ela nos move a procurar novos caminhos e, assim, saborearmos[5] a construção do conhecimento com mais propriedade.

Já a informação nos vem pronta e se torna, segundo Bondía, a inimiga da experiência. Frequentemente ouvimos jovens dizerem "eu já li sobre isso, eu já sei", e isso conclui que o que o ensino nos faz hoje, em grande parte, é nos encher de informações e nos esvaziar de experiências.

Assim, formam-se técnicos altamente especializados que nunca conseguem pensar além dos limites de seu conhecimento específico. Em outras palavras, apertam parafusos de uma engrenagem que nem sabem para que serve. O texto citado e o documentário *Escolarizando o Mundo* desvendam com clareza essa ação[6].

---

5. Saber e sabor são provenientes do mesmo radical e partilham do mesmo campo semântico.

6. Este documentário pode ser encontrado no YouTube sob o título *Escolarizando o Mundo – Completo Legendado* [*Schooling the World*].

Podemos, então, com base nessa perspectiva de Larrosa Bondía, inferir que o ler uma música para conhecê-la está mais perto da busca pela informação e "tirá-la de ouvido" é um caminho em direção à experiência? É seguro que a experiência da escuta nos traz a obra como um todo no melopoema[7], no arranjo, na interpretação dos músicos, na textura, nos timbres, na dinâmica, nas fusões rítmicas, na estrutura formal, na relação prosódica do canto com os ritmos dos instrumentos que a agasalham, na harmonia, na música enquanto uma obra completa.

"Tirar" uma música "de ouvido" é certamente um caminho mais árduo e demorado, mas é mais rico, porque lidamos com a fonte primária da música, o som, além de estimularmos nossos ouvidos num profundo trabalho de percepção melódica e harmônica, de texturas, num trabalho de aprimoramento técnico, de análise, de estilo e performance, de ritmo, pois o nosso objetivo final é tocar a música pretendida. Lidamos com a matéria musical na sua completude e também no seu estado essencial, ou seja, o do som.

Notemos, aqui, que uma expressiva parte da produção acadêmica sobre música popular despreza as fontes primárias, no caso, o disco, em favor das fontes escritas que foram, na realidade, percepções que alguns tiveram sobre o que foi escutado. Isso nos induz a uma próxima questão. Sendo a canção, no Brasil, em grande parte de sua produção, uma cronista das sociedades em que foi concebida, pode ser entendida como um fenômeno polissêmico. Falo em sociedades porque somos um país multicultural. Assim, a mesma música pode ser analisada e entendida com propriedade por diversas áreas do conhecimento, como a linguística, o jornalismo, as ciências sociais, a história, a geografia, a teoria literária, mas, nesses termos, ra-

---

7. A melodia cantada com a letra.

ramente a música analisada passa a fazer parte dos méritos das questões musicológicas abordadas. Isso resultou em desacertos decorrentes de percepções equivocadas que foram perpetuadas em livros, que são mantidos como norma culta na medida em que jovens estudiosos do assunto recorrem apenas aos livros – que são a marca patente do que somos ensinados a entender por erudição – e raramente aos discos que são, definitivamente, as fontes primárias.

Voltando à criação da escola de música, tracei, então, um plano para me inteirar do assunto, que consistia em três ações: em primeiro lugar, analisar todos, ou quase todos, os currículos presentes em cursos de música da Europa e Américas; em segundo, conversar com músicos do *showbiz*, buscando entender como aprenderam e como achavam que deveria ser um curso que ensinasse música popular e o que os alunos deveriam aprender; em terceiro, conversar com professores de escolas e de aulas particulares e também com jovens aspirantes à vida musical, visando saber o que se esperava que pudesse ser aprendido num curso de música.

A primeira conclusão que tirei foi que, por trás de todo método, há uma cultura que direciona a sua construção, pois sempre fazemos algo para alguém estudar. Puro Paulo Freire, não?

Em função do resultado dessas indagações, acabaram por surgir outras questões: como posso ensinar Música Popular Brasileira a partir de uma metodologia voltada a ensinar o *jazz*[8], que é, por sinal, a metodologia utilizada para o ensino da música po-

---

8. Historicamente falando, tendo sido o *jazz* a primeira música popular de caráter instrumental de alta qualidade técnica a ser difundida pelo mundo pela ação imperativa de expansionismo cultural adotado pelos Estados Unidos durante todo o século XX (basta olharmos para o cinema), de maneira geral, tocar música popular (não clássica) instrumental pelo mundo é entendido como tocar *jazz*.

HISTÓRIA E CULTURA NO SOM DA VIOLA

pular em vários países que não contam com uma música popular tão expressiva como são as do continente americano?[9]

De pronto, me vêm duas idiossincrasias. Primeiramente, a diversidade rítmica presente na música brasileira inexiste na música estadunidense, logo, para nós, músicos do Brasil, a abordagem rítmica dessa metodologia fica relegada a alguns poucos ritmos, como bossa, samba, baião e maracatu – o que, aliás, é o que basicamente se ensina num dos cursos do Berklee College of Music, em Boston, sobre Brazilian Popular Music.

Uma outra questão diz respeito às músicas do Brasil e dos Estados Unidos que apresentam uma diferença estrutural em suas origens no que toca à apropriação das dissonâncias. Nos Estados Unidos, as dissonâncias são apresentadas mormente por meio dos acordes, diferentemente do Brasil, onde elas são apresentadas na melodia. Essa é uma característica histórica que remonta às origens dessas músicas em fins dos anos 1800.

Maurício Carrilho[10] apresenta composições de Callado, compositor brasileiro do século XIX, nas quais a dissonância está sempre na melodia, apoiada em uma harmonia triádica, característica que foi resgatada por Tom Jobim em canções como *Garota de Ipanema, Desafinado* e *Samba de uma Nota Só*[11].

9. Essa ideia que temos de música popular na ordem de grandeza como temos a brasileira é um fenômeno americano resultante dum conjunto de fusões étnico-culturais que só ocorreram nas Américas, juntando incontáveis povos indígenas, muitos povos africanos e alguns povos europeus. Basta olharmos a cena da música popular na Europa ou em países ao seu leste para constatarmos isso.

10. Maurício Carrilho é compositor e pesquisador do choro no Brasil. Foi um dos fundadores da Escola Portátil de Choro ao lado de Luiz Otávio Braga e Luciana Rabello. A Escola Portátil de Choro foi um programa de extensão universitária da Unirio que alcançou o número de mil alunos inscritos. Em uma entrevista concedida a Almir Chediak e registrada no *Songbook Choro* – vol. 1, Carrilho comenta com detalhes essa característica da música de Callado trazer germes de expressão do processo criativo do choro, no Brasil. Me refiro à utilização das tensões harmônicas na melodia.

11. Em *Samba de uma Nota Só,* a mesma nota da melodia é apoiada por qua-

Música Clássica no Brasil

Como podemos, então, tratar por igual, numa dimensão de ensino, músicas com raízes e procedimentos tão diferentes? Seria isso possível se tivéssemos de preservar todas as características de cada uma dessas expressões musicais?

No caso do ensino da música clássica, outras questões devem ser consideradas.

Dentre os modelos curriculares que foram implantados no Brasil, dois se destacam: o do Conservatório de Paris (Unicamp) e o de Darmstad (USP)[12]. Fiz um curso de seis anos de composição musical na Unicamp e nunca estudei a obra de nenhum compositor brasileiro, exceto a do meu professor, Almeida Prado. Penso que deveríamos nos perguntar por que isso acontece.

Historicamente, fomos um povo construído pelo saber oral. Nossa primeira universidade data de 1934, ao passo que as universidades da América espanhola datam de 1557 – Universidade Nacional de San Marco, no Peru, e Universidade Nacional Autônoma, no México – e 1613 – Universidade Nacional de Córdoba, na Argentina. O governo espanhol tencionava criar uma elite pensante nas colônias, Portugal, não. A imprensa no Brasil foi proibida até a chegada da família real em 1808, e até 1821, a prensa régia era a única prensa oficial existente, num local onde as poucas prensas restantes funcionavam clandestinamente.

---

tro diferentes acordes em progressão. Em *Desafinado*, a quarta aumentada, enquanto nota mais dissonante, está na melodia e também no acorde. Em *Garota de Ipanema*, a melodia começa na nona de um acorde com sétima maior.

12. Embora o velho ensino conservatorial calcado no Romantismo tenha suplantado as bases contemporâneas e eletroacústicas presentes na Alemanha e na França, ficando esse campo a depender de iniciativas individuais de alguns professores.

HISTÓRIA E CULTURA NO SOM DA VIOLA

Estamos falando, aqui, de mais de trezentos anos de conhecimentos sendo transmitidos por via oral à maior parte da população. Perguntamos, então, por que não relevamos esse saber na construção do conhecimento no nosso país se ele já nos mostrou ser tão eficiente construindo, numa extensa parcela, a Música Popular Brasileira?

As nossas culturas populares, como as conhecemos, se configuram nos séculos XVIII e XIX, no que entendemos ter sido um tempo necessário para maturação e amálgama dos inúmeros encontros étnico-culturais ocorridos no período em que povos diversos, trazidos de locais diferentes, foram forçados a se encontrarem e interagir no território que chamamos Brasil. Nesse tempo, nossa elite estava de costas para o que acontecia no Brasil, mirando algo que era o seu verdadeiro objetivo, ser europeia. E, por esta razão, não presenciou os processos socio-históricos que geraram essas culturas tão ricas. E ainda hoje, quando essa elite olha para o Brasil e para as culturas às quais realmente pertence, não as reconhece como suas e nem o país como seu, imperando, permanentemente, uma mentalidade predatória que remonta ao início da exploração portuguesa no Brasil, baseada no extrativismo e na escravidão como formas de rapinagem, mas não de pertencimento e construção de uma sociedade sólida e equilibrada na distribuição de suas conquistas.

Podemos considerar, também, que o advento da República no Brasil, nosso primeiro golpe militar, em 1889, foi um dos fatores determinantes que contribuíram para o abandono e o descaso para com as nossas culturas populares, pois, após dúvidas sobre o que escolher como base filosófico-simbólica de seu projeto de construção do país, os republicanos acabaram optando pelo positivismo comtiano, dada a riqueza de seu imenso universo simbólico-imaginário, deixando de lado a corrente das pessoas que queriam o jacobinismo francês, que seria, em tese, dar o

POR QUE A MINHA MÚSICA NÃO ENTRA NO REPERTÓRIO?

poder ao povo – isso jamais! – ou o liberalismo estadunidense, que, no fim, mesmo não se consolidando oficialmente, foi o que permaneceu como prática, ou seja, a mão invisível do mercado e do capital a tudo controlando[13].

Comte, criador do positivismo, viveu num período em que imperava no mundo erudito europeu o ideário iluminista. Notemos que o enciclopedismo surgiu no século XVIII e ganhou força no século XIX, como uma ideia de base etnocêntrica que tinha por objetivo registrar o mundo sob a única perspectiva de quem a escrevia. Comte entendia o saber como o saber escrito, não havendo muitas possibilidades de consentimentos para outros tipos de saberes[14].

Foi essa a lógica que guiou a instalação do projeto republicano no Brasil, conforme afirma Florestan Fernandes em seu livro *Folclore e Mudança Social na Cidade de São Paulo*, obra em que escreve que, com o advento da República, o ex-escravizado e o homem simples do povo não imaginariam que os seus valores

13. Em *A Formação das Almas – O Imaginário da República no Brasil*, José Murilo de Carvalho relata a forma como se deu o processo de fim da monarquia e instauração da república no Brasil, discorrendo com propriedade sobre cada um desses aspectos por mim rapidamente colocados. Aliás, em *Os Bestializados*, o autor aborda essa mudança de modelos de governo sob outra perspectiva, mais socioeconômica.

14. É mais fácil de se entender essa questão sendo um europeu, pois, na Europa, o saber escrito já vem circulando por séculos como uma fonte estrutural no trânsito das informações, como o próprio Chartier aborda numa entrevista concedida a quatro pesquisadores mexicanos no livro, *Cultura Escrita, Literatura e História: Conversas de Roger Chartier com Carlos Aguirre Anaya, Jesús Anaya Rosique, Daniel Goldin e Antonio Saborit*. Chartier mostra como, na França, ocorreu um incrível aumento do mercado editorial na segunda metade do século XIX, e essa perspectiva é absolutamente diferente do que ocorreu e vinha acontecendo em alguns países da América. Nesse livro, Chartier ainda afirma que a história do Ocidente é a história da escrita. Para nós, uma visão um tanto etnocêntrica ao não se incluir a América Latina no espaço do Ocidente planetário, e a escrita, no caso do Brasil, só passou a ter relevância no século XX como um veículo mais massivo de comunicação.

de vida se tornariam pouco desejáveis à nova ordem que se instaurava no Brasil, com a supressão do saber oral e a permanência do saber escrito como suporte ao processo de racionalização industrial[15].

Assim, todos os elementos ligados ao saber popular foram sendo abolidos do ensino agora formalizado a partir da escrita, ao mesmo tempo em que a Igreja Católica afastava, desde 1830, as formas populares ligadas às manifestações do catolicismo no Brasil, visando a restauração de um catolicismo canônico concernente ao Vaticano[16]. Esse processo foi chamado, posteriormente, de Romanização da Igreja Católica.

Será que viriam desses fatores a dificuldade em sistematizarmos o nosso próprio conhecimento, em transformarmos os nossos saberes populares em um saber escrito, pensando que erudição há em todo lugar e de todas as formas? Se sim, deveremos, então, colocar em questão a forma como utilizamos o termo erudito. Disso tratarei logo adiante neste texto. Pergunto, agora, se não vertemos o nosso saber para a escrita pela histórica falta de convivência com o saber escrito que temos, posto termos sido constituídos como povo por quase três séculos a partir dos saberes oral/aural/visual/tátil/olfativo/sensitivo? Ou será que não sistematizamos os nossos conhecimentos para o molde escrito devido a uma atitude colonizada de entendermos que o que produzimos não é digno de ser

15. "[...] o último quartel do século passado marca o início da revolução que se iria operar, pois as campanhas abolicionistas e a urbanização paulatina das condições de existência iriam deitar por terra as relações patrimonialistas e a concepção tradicional do mundo correspondente. [...] Então começa a desagregação da cultura popular. O escravo e o homem do povo desconheciam quase completamente os motivos e os padrões ideais que tornavam atitudes, técnicas e instituições tradicionais valores socialmente pouco conspícuos e desejáveis nas camadas dominantes" (Florestan Fernandes, *Folclore e Mudança Social na Cidade de São Paulo*, p. 31).

16. Martha Abreu aborda essa questão em *O Império do Divino – Festas Religiosas e Cultura Popular no Rio de Janeiro, 1830-1900*, de 1999.

POR QUE A MINHA MÚSICA NÃO ENTRA NO REPERTÓRIO?

registrado como saber, conforme me disse, um dia, um eminente etnomusicólogo da Bahia, enquanto discutíamos, num simpósio, a continuidade ou não do curso de música popular na UFBA?[17] Ou será, ainda, porque não nos permitimos, por preguiça ou por incompetência, ou por acharmos que não conseguiremos, criar uma organização escrita do nosso saber?[18]

O fato é que nunca ousamos verter para a escrita o nosso saber musical, que é tão rico. Basta olharmos para a música que produzimos no Brasil do final do século XIX até hoje, que é o tempo em que, de alguma forma, foi registrada. Com a qualidade musical que temos, poderíamos estar exportando metodologias como faz o Berklee Colllege of Music, de Boston, EUA.

E não podemos nos esquecer, também, que todo saber, quando é escrito, ganha poder maior de difusão, embora se espalhe de maneira mais unívoca e menos rizomática, menos diversa. Mas fica a nós claro que a objetividade e a velocidade de transmissão do saber escrito o tornam muito eficaz, sendo, assim, socializado mais rapidamente.

Observem que nos estudos acadêmicos no Brasil fizemos isso com a literatura, com as ciências sociais, com as ciências exatas e biomédicas porque exigem o formato da escrita para o

---

17. No ano 2008, fui convidado pela diretoria da Escola de Música da UFBA para compor uma equipe que discutiria a possível abertura de um curso de música popular na mesma universidade, o que se deu em 2009, financiado pelo Reuni. Após dois anos da abertura, a validade do curso foi colocada em xeque. Foi feito, então, um seminário para o qual fui convidado a compor uma mesa com o professor Manuel Veiga, mediado pela educadora Lydia Hortélio, e travamos uma batalha argumentativa sobre a validade da permanência ou não do curso.

18. Aqui, vale a ideia de que a palavra sistematização tem um uso equivocado ao se referir apenas ao saber escrito, pois todo e qualquer saber, para ser transmitido, necessita ter sido, antes, sistematizado, senão não haveria hipótese de ser organizado para a posterior transmissão e difusão, e isso vale também para os saberes oral/aural/visual/tátil/olfativo/sensitivo.

seu registro. A música, necessariamente, não, pois, desde sua origem, já vinha sendo exuberante domínio criativo dos "analfabetos musicais", até hoje presentes, como muitos dos grandes nomes da nossa música popular.

A Escuta como Ferramenta ou o Impasse no Ensino da Percepção Musical

Se criamos a necessidade de escrever para podermos entender, poderíamos também desenvolver a acuidade auditiva e sequente escrita das músicas como registro dos conhecimentos, mas não o fazemos porque preferimos que nossos alunos leiam bem ao invés de escutarem bem, pois parece-nos que ler os torna músicos mais aptos, mais respeitáveis. E, aqui, abre-se outra janela, pois ler com destreza uma partitura qualifica o músico como um repetidor e não precisamente como um criador, e o que vemos na maioria das faculdades de música do Brasil é a objetividade na criação de um contingente musical para preencher as vagas nas orquestras, ou para o surgimento (ocasional) de um gênio interpretativo, e não propriamente para a formação de agentes que possam atuar, interagir e, quem sabe, mudar a nossa sociedade pela sensibilização pessoal que a arte tem a oferecer.

E por que não nos aplicamos no registro e estudo das nossas músicas para então a utilizarmos como base do nosso ensino? Por que estudamos percepção musical a partir de fragmentos de músicas de autores europeus do período clássico e romântico e, raramente, do barroco?[19] Ao fazermos isso, afirmamos a nossa condição de periferia, mesmo que musicalmente não sejamos.

---

19. O Método Kodaly aborda repertórios relativos aos períodos medieval, renascentista e barroco com maior intensidade, pois estimula o desenvolvimento de uma percepção modal além da tonal.

A escrita se fez necessária no momento em que não havia outras formas de registro. Mesmo assim, é limitada nas transcrições das músicas de outros povos que não os europeus. Neukomm, quando transcreveu um lundu no Brasil, encheu-o de melismas e ornamentos que não eram característicos da música brasileira, mas sim do estilo europeu em voga na época. E é fácil percebermos como a escrita musical mais aproxima que acerta com precisão se nos compelimos a escrever as músicas populares do Brasil, nas quais o popular "garfinho" – semicolcheia, colcheia, semicolcheia – nunca ganha a proporção que lhe é pertinente de 25%, 50% e 25% das partes de um tempo, ficando sujeito a variantes que dependem diretamente do gênero que está sendo tocado/escrito e do artista que o toca. Talvez daí venha a expressão "inglês tocando samba". A falta de conhecimento da cultura que se pretende interpretar faz o músico reproduzir a matemática da duração das figuras musicais de forma exata. Isso, por si, já nos mostra uma parcial ineficácia desse sistema de escrita e de seu ensino para se escrever músicas que não sejam europeias. E a maneira de dirimir essa ineficácia seria intensificando o conhecimento de repertórios locais, no entanto, falar e estudar música popular nas escolas de música no Brasil ainda é algo feito com extrema parcimônia, basta vermos a formação das grades curriculares de conservatórios e faculdades de música pelo Brasil.

A constatação mais triste é vermos que os músicos de orquestra formados nas nossas universidades não conseguem tocar música popular brasileira simplesmente porque não a escutam e, logo, não a conhecem.

Quando será que nos permitiremos olhar o nosso saber com os nossos próprios olhos? Por que sempre precisamos de alguém de um outro país que, ao reconhecer valor na música brasileira, se encanta, para só então começarmos a olhar para a nossa música como algo de valor especial? Que desvio é esse que nos faz sempre precisar de um aval estrangeiro?

Vale aqui entendermos a origem da palavra erudito. A palavra erudito é proveniente do radical latino *rus*, que se refere, de maneira metafórica, às coisas em seu estado essencial. Daí vem o rústico, o rural, o rupestre, o rude e o rudimentar. Fomos dados a confundir o que é essencial com o que é simples e isso, de alguma forma, originou uma distorção primária na nossa maneira de pensar e entender as coisas. Tratamos essências como simplicidades na nossa crença de que uma busca sem fim pela elaboração nos levará a um ápice que se manifestaria na complexidade.

Quando a música europeia passou a ser escrita nos mosteiros, ela deixou de ser *rus* e passou a ser *ex-rus*, sendo o *ex*, no latim, não somente o *ex*, o que deixou de ser, mas, sobretudo, o "proveniente de". Assim, devemos ver a música erudita como proveniente da rústica, conforme aponta Bakhtin em *A Cultura Popular na Idade Média e no Renascimento*, obra na qual deixa clara a origem das danças de salão europeias que, populares, foram sendo apropriadas pela nobreza e pelo clero e ganhando, então, um ar de seriedade e também de sisudez, vindo a perder suas características populares ligadas ao riso e à escatologia, que aqui se manifestam como a associação a uma gratuita alegria e às coisas fora de seus lugares habituais[20].

Notemos, então, que qualquer construção de pseudossuperioridade do que é erudito sobre o que é popular, a partir dessa perspectiva, se configura como uma tentativa de dominação simbólica[21], ou seja, a de se achar que uma cultura pode ser mais sofisticada, elaborada, e, portanto, superior a outra. Mas é im-

---

20. Tal como são para nós muitas festas relacionadas ao nosso folclore e como o próprio Carnaval, com a sua permissividade da troca de papéis, em que o homem se veste de mulher, a mulher se veste de homem, o rico se fantasia de pobre e vice-versa etc.
21. Tema largamente discutido por Norbert Elias em *Estabelecidos e Outsiders* e em *O Processo Civilizador*. Bourdieu também discorre sobre essa questão.

portante ponderarmos que o conceito de sofisticação é também um conceito cultural e, dessa forma, pode ser absolutamente relativizado ou eliminado desse cômputo de disputas. Aliás, culturas não são mensuráveis, e é a própria cultura que forma e molda o gosto musical.

Aqui, voltamos àquela colocação inicial que fizemos sobre cultura e civilização. Sempre achamos que o mais civilizado traz uma cultura mais rica. Ledo engano. Vocês já pensaram em tocar uma música com uma escala que tem 37 notas[22] dentro do que conhecemos como oitava? Já ouviram as músicas dos pigmeus da África Central, um povo que nem escrita tem? Brinco com meus alunos: dou um prêmio para quem conseguir transcrever uma música daquelas, tamanha a complexidade rítmico-harmônica e dilatação de seus tempos.

Equívocos Perpetuados como Verdades

Se pensarmos que para definir com precisão uma fonte sonora precisamos mapear quatro parâmetros, que são a duração, o timbre, a altura e a intensidade, fica-nos incoerente eleger apenas um deles, no caso, as alturas, como o único parâmetro certificador do que entendemos por sofisticação e elaboração de uma música.

Dizemos, "ah, essa música é boa, escutem só a harmonia dela..." Quando falamos de harmonia e melodia, estamos falando inicialmente de alturas, correto? E o que podemos dizer sobre os outros parâmetros? Por que ficaram de fora do nosso crivo

---

22. Maneira como alguns povos berberes do Saara dividem o que entendemos por oitava, que seria partir de uma frequência x até chegar ao seu dobro 2x. Na Europa e em países colonizados pelos europeus, divide-se em doze partes, na Índia, em 22, e inúmeros povos, do mundo do extremo oriente ao Brasil indígena, dividem em cinco partes.

que cria e determina elaborações? As durações regem e criam o universo dos ritmos.

A pobre música caipira só tem seis acordes. Pobre dela! Mas ninguém nunca parou para observar e perceber que nessa música, entendida como simples, há dezessete ritmos distintos, interagindo ou pulsando por si próprios. Até agora o maior guarda-chuva de ritmos em um só segmento da MPB e essa música sequer foi tratada e entendida como música popular brasileira por todos os pesquisadores que escreveram sobre música popular no Brasil.

A música clássica europeia e o *jazz* construíram seu mundo musical calcado, sobretudo, nas alturas, em melodias e harmonias, e alguns poucos timbres eleitos, que são os instrumentos utilizados numa orquestra ou em pequenas formações instrumentais. Sempre ouvi dizerem que uma rabeca é um violino que não deu certo. Ora, como pode a mãe não ter dado certo se a filha existe e se a rabeca se origina do *rebab* ou *rabel*, instrumento presente do Afeganistão ao norte da África desde o século VI?

Com base em que tem validade um julgamento de valor dessa categoria? Como é possível escolher e eleger um timbre como o correto, em detrimento de outros, num mundo tão diverso, repleto de sons que sequer conseguiremos viver para conhecer?

Devemos entender que todo esse sistema de eleições de algo, de algum timbre, em detrimento de outros é uma escolha cultural e que as pessoas treinadas nesse meio têm extrema dificuldade de ouvir para fora de seus limites de aprendizado e percepção, sobretudo quando são educados a pensar que seus valores são superiores aos dos outros. E o etnocentrismo passa a ser, nesse caso, mais a afirmação de uma posição de pequenez, insegurança e retração ante algo que é muito maior e lhe foge do domínio e do entendimento, se antepondo a um posicionamento claro, amplo e autônomo.

Se pensarmos numa paleta sonora da humanidade, veremos que cada povo, cada cultura escolhe uma parte dessa paleta como dimensão e expressão sonora de seu mundo. A pergunta que nos surge gira no porquê de termos de assumir um pedaço dessa paleta sonora, que, na realidade, não nos pertence totalmente, por ser apenas uma parte da nossa, e nos guiarmos apenas em função dela se somos uma adição de culturas muito maior que só a europeia? O mundo e seus sons são bens maiores.

Abdelmajid Guemguem foi um percussionista argelino que tinha, nas durações e nas poucas alturas de seus instrumentos, o parâmetro de suas construções musicais e não propriamente a harmonia ou a melodia. Seria a sua música deficiente? Na maneira como construímos ou somos construídos a pensar pelo nosso sistema didático, diríamos que sim, poderia ser entendida como uma música pobre, embora seja de uma complexidade imensa que as vezes nos foge ao entendimento. E pobres de nós que não a percebemos em sua plenitude e potência graças a nossas limitações culturais. Mais uma vez, reproduzimos a pequenez da nossa formação ao eleger apenas um parâmetro, a altura.

Nossos ouvidos tão treinados, e por que não dizer, também, domesticados, acabam por evidenciar mais as nossas limitações e nossos preconceitos que qualquer outra coisa, a partir dos julgamentos contidos no nosso sistema de ensino.

Sei que sou incapaz de transformar a visão de alguns músicos moldados e enformados apenas pelo ensino conservatorial, pois, afinal de contas, é dito e ensinado nessas escolas que é ali que se produz a música mais sofisticada que existe, por vezes até apelidada de "grande música".

Caímos, aí, num buraco cognitivo, no qual a educação repetida molda a maneira como o músico perceberá o mundo, e me pergunto como deve ser ambígua, para não dizer esquizofrênica, a situação de se viver no Brasil e ter que se alimentar cultural-

HISTÓRIA E CULTURA NO SOM DA VIOLA

mente apenas da Europa, como vemos muitas pessoas fazerem. E, nesse caso, os nossos preconceitos servem mais para apontar as nossas limitações e evidenciar a pequenez do ensino pelo qual fomos adestrados ao pretendermos dar um caráter diminuto ao que não conhecemos ou não dominamos.

Acaba-se, nessa visão, sob a qual os estudantes são moldados, por tratar substantivo como adjetivo. Um exemplo seria o tocar rústico. Ao ouvirmos um violeiro, sem estudos e com as mãos calejadas da lida no campo, tocar, nos espantamos com a "sujeira" de seus toques. Talvez a pergunta que devêssemos fazer seria: quantos de nós conseguiríamos tocar dessa outra maneira? Poderíamos pensar que essa suposta "sujeira" pode ser um elemento inflexivo que dá calor e força às notas tocadas, tal qual no som trastejado produzido pelo arremate da mão direita de um violonista de música flamenca quando fere as cordas com força?

No meu ofício de professor, dou também aulas de percepção musical. Na escola onde atuo, sugeri a mudança de enfoque dessa matéria para alunos do terceiro ano, pois terminam o segundo ano apenas sabendo solfejar. Cantam o que leem. Mas é curioso notarmos a mudança que se dá quando então ouvem uma música e tentam transcrevê-la. A maioria tem dificuldades ou não consegue.

Quais seriam os fatores que conduzem um estudante de música a incorrer nessas falhas? Primeiramente, penso que há uma educação moldada pelo timbre para o qual o piano é o instrumento de apoio ao aprendizado do solfejo, o que resulta que nem sempre os alunos educados a partir desse procedimento conseguem discernir com clareza as notas quando são tocadas por um outro instrumento ou uma voz e não propriamente pelo piano. Uma outra questão se refere aos alunos não estarem acostumados a lidar com a escrita de síncopas se coloco músicas populares do Brasil para eles ouvirem e escreverem. O sistema de escrita que utilizamos foi criado para escrever música de uma região específica do planeta que, embora multicultural, foi unificada pela construção de uma estética musical apoiada num discurso colonizador imposto por sistemas de ensino e de difusão do conhecimento pela via de sistemas educacionais e de distribuição de informação existentes na época. E a Igreja Católica teve aí um papel importante na formação educacional da aristocracia europeia, sobretudo na Baixa Idade Média.

Ainda não conseguimos perceber em nosso sistema de ensino que *ler e tocar* vem de um processo cognitivo diferente de *ouvir e tocar* ou de *ouvir e cantar*, ou ainda, de *ouvir e escrever*. Ler e ouvir para então tocar agem em diferentes áreas do nosso cérebro.

Música se manifesta como som ou como silêncio e o nosso sentido primeiro que os capta para posterior identificação e entendimento é a audição e não a visão. Onde foi, então, que nos perdemos atribuindo um valor maior à leitura da música que sua própria percepção auditiva? Como conseguimos formar um músico que lê, mas não sabe escutar e, no entanto, continuamos a achar isso normal? Um músico que fica contando compassos para saber a hora exata da sua entrada na música que está tocando? Será que, se ouvisse os encadeamentos harmônicos da música orquestral da qual participa com seu instrumento, talvez conseguisse exprimir melhor a música que toca?[23] Não seria esse um problema de esquizofrenia musical que perpetuamos como

---

23. O flautista e professor Antonio Carlos Moraes Dias Carrasqueira, o Toninho Carrasqueira, baseado também em dados históricos, aborda a questão da consolidação dessa forma de alienação musical por parte dos músicos, presente nas interpretações orquestrais, em seu livro *Divertimentos – Descobertas. Estudos Criativos para o Desenvolvimento Musical – Sopros e Cordas Friccionadas.*

correto? Não poderíamos, aqui, estar caminhando para trabalhar uma dimensão caricata da música? Contar compassos ao invés de escutar os encadeamentos harmônicos, rítmicos e melódicos, ou simplesmente escutar a música no curso de seu desenvolvimento? Não seria isso uma forma de construção e aquisição equivocada de conhecimentos?

Aqui, voltamos às ideias de Larrosa Bondía sobre informação e experiência.

> A informação não é experiência. E mais, a informação não deixa lugar para a experiência, ela é quase o contrário da experiência, quase uma antiexperiência. Por isso a ênfase contemporânea na informação, em estar informados, e toda a retórica destinada a constituir-nos como sujeitos informantes e informados; a informação não faz outra coisa que cancelar nossas possibilidades de experiência. O sujeito da informação sabe muitas coisas, passa seu tempo buscando informação, o que mais o preocupa é não ter bastante informação; cada vez sabe mais, cada vez está melhor informado, porém, com essa obsessão pela informação e pelo saber (mas saber não no sentido de "sabedoria", mas no sentido de "estar informado"), o que consegue é que nada lhe aconteça. [...] O saber de experiência se dá na relação entre o conhecimento e a vida humana. De fato, a experiência é uma espécie de mediação entre ambos. É importante, porém, ter presente que, do ponto de vista da experiência, nem "conhecimento" nem "vida" significam o que significam habitualmente[24].

Alienação

Como podemos, então, estudar a história da música europeia sem saber a fundo a história social dos povos que produziram essa música? Esse descolamento entre a música e a sociedade que a gerou normalmente forma músicos alienados às questões

---

24. Larrosa Bondía, "Notas Sobre a Experiência e o Saber de Experiência", *Revista Brasileira de Educação*, pp. 26-27.

sociais de seu próprio povo, por não entenderem a música como um fenômeno de manifestação social e cultural e tampouco perceberem que está ligada às pessoas viventes naquele momento e naquele lugar. O músico é fruto do meio em que vive e, de alguma maneira, seu trabalho musical responde às necessidades e novidades que lhe são apresentadas em seu cotidiano.

É a nossa cultura que nos faz ser como somos, pensar como pensamos e agir como agimos. É a nossa cultura que nos faz olharmos o mundo da maneira como o vemos. "O olho que vê o mundo é o mundo que o olho vê", disse Teilhard de Chardin. Esta frase foi dita a mim diversas vezes pelo antropólogo Carlos Rodrigues Brandão, com quem trabalhei dez anos em pesquisas sobre culturas populares na região Sudeste. Brandão sempre foi um estudioso da obra de Teillard de Chardin.

Por que nas outras áreas do conhecimento acadêmico, como na literatura, nas ciências sociais, na história, na geografia, na arquitetura e em tantas outras encontramos no escopo do conhecimento a ser transmitido a presença das culturas locais? E por que na música isso não ocorre? Seria por se ter criado uma estrutura de valores simbólicos na musica clássica europeia, que é a base do ensino musical nas escolas do Ocidente, que por si só nega a existência das outras músicas, por se autoproclamar a "grande música", que é a maneira como muitos a tratam, determinando que seus parâmetros de utilização musical sejam os únicos certificadores de uma pretensa qualidade e sofisticação?

Não seria temerário, ou ainda pretensioso, num planeta de mais de sete bilhões de pessoas, com milhares de culturas distintas, acharmos que só o que fazemos é a "grande arte"? Não seria isso uma atitude para não percebermos o mundo que nos cerca, porque só olhamos para o nosso próprio umbigo e a diversidade pode nos incomodar, colocando em xeque um tipo de conhecimento que tratamos como absoluto?

Qual é o substrato dessa atitude que fica na memória do ensino que é transmitido aos jovens? Ao meu ver, a mais medonha possível, ou seja, a da intolerância e a da impermeabilidade. A de que estudamos uma música que se coloca como absolutamente impermeável às culturas que a cercam, o que não deixa de nos remeter novamente às ideias de Norbert Elias, para quem a insistência na utilização de um determinado tipo de ensino como único, dessa música em detrimento de toda a cultura local que a cerca, pode ser mais uma ferramenta de um processo civilizador que passou a ser aceito por todos, sob a aura da expressão da perfeição, de ápice, do que deve ser seguido, do que deve ser entendido como o padrão.

Ainda no Século xix?

Em nossos cursos de música, ainda vivemos sob os auspícios do Romantismo europeu. Anos atrás, eu compunha uma banca no vestibular na USP e surgiu uma candidata de dezenove anos prestando prova para violão. Eu participava da banca ao lado de um professor, pois normalmente as bancas de vestibular são compostas por, no mínimo, dois professores. Ela tocou de maneira muito musical e expressiva um estudo de Villa-Lobos, apesar do nervosismo imposto pela situação de uma prova de seleção como aquela. Após o término de sua apresentação, o professor perguntou:

– Você começou a tocar com quantos anos?

Ela respondeu:

– Com dez anos.

Ele então virou para mim e cochichou:

– Começou tarde, não tem mais chance.

Eu retruquei, após a aluna sair chorando da sala:

– Como assim? Tudo bem que eu não toque nada, mas eu comecei a tocar viola com trinta anos de idade!

Essa é uma das ideias românticas que perduram até hoje nos cursos universitários de música no Brasil, como também perduram nos ensinos conservatoriais a ideia de que, para ser um gênio, tem que se começar a tocar quase no momento em que se acaba de nascer, e também a proibição de que o aluno, no aprendizado, "toque de ouvido", sem ler o que toca.

Outro falso axioma que permanece é o de que mais vale formar um gênio concertista do que quinhentos ótimos alunos. E o curioso é que até hoje muitos professores se movimentam para isso e agem mesmo dessa maneira, pior, agem com essa motivação e espírito, distorcendo todo o princípio que deveria guiar o ensino em qualquer escola, que é o da transformação individual com o intuito de que se multiplique, na medida em que cada aluno formado sai para conquistar e construir o seu próprio mundo. Essa maneira distorcida de agir ainda estimula a disputa e competição entre os alunos. Ora, música diz respeito à natureza pessoal de cada um, diz respeito a sermos diversos uns dos outros. Qualquer tipo de atitude que gere competição promove a desumanização do ser e o coloca num esquema de produção em série, como máquinas.

Essas atitudes retrógradas antes citadas levam a música e os músicos a uma condição degradante de atletas olímpicos, de competidores e não de possíveis transformadores da sociedade em que vivem, sobretudo porque são todos treinados a tocarem o mesmo repertório da mesma forma. O que, claro, gerará a competição entre eles, e, com ela, vem a reboque a sarjeta dos nossos sentimentos, como a inveja, a autopunição, a autorrejeição por não sermos perfeitos como o padrão requer, a comparação – como se seres humanos pudessem ser comparáveis –, a disputa e o *bullying*.

O Processo Civilizador

Em que espaço e tempo paramos na transmissão dos nossos conhecimentos musicais? Vocês já se imaginaram fazendo um curso de engenharia no qual começam a estudar a engenharia a partir dos anos 1400 e param em 1920 ou 1930? Pensem numa faculdade de física, ou de química, ou de biologia, ou de medicina, na qual se estude apenas até 1930? Seria risível, não?

E por que aceitamos isso num curso de música? Seria por acreditar que constatamos o nosso fracasso criativo e, desse modo, não conseguimos produzir mais nada que possa ser mostrado, atestando, assim, a nossa incompetência em criarmos algo novo que deva e possa ser apresentado? Seria esse um atestado da falta de criatividade musical atual que, possivelmente, pode assolar os europeus e os povos de outros continentes que insistem em perpetuar essas ideias e padrões musicais? Ou seria, na realidade, por que elegemos como padrão algo que está fora de nosso alcance temporal, de afetos, de percepção, por já sermos pessoas que vivem quase duzentos anos depois do mundo que elegemos como o correto?

Toda essa questão é bem mais complexa e pode gerar inúmeras outras indagações assertivas, mas, para mim, não deixa de estar ligada a um processo civilizador que pretende se perpetuar apoiado também no apagamento das outras expressões musicais locais e contemporâneas. Como a garantia de que até esse ponto podemos manter o discurso civilizador adotado, sem sombra alguma de questionamento, por já fazer parte de um proclamado *stablishment*.

Notem que o poder simbólico dessa música trata os seus eleitos, normalmente maestros e solistas, como semideuses. Um dia, contei a um amigo que fui abordado em uma *blitz* policial e o policial perguntou o que eu fazia. Respondi que era músico. Ele, irritado, vociferou na minha cara: "Responde direito, eu perguntei o que você faz!" Esse meu amigo, ao ouvir essa história de limitação e preconceito, me disse: "Quando perguntarem o que você faz, diga que é maestro". Deu certo! Quando digo que sou maestro, mesmo não sendo, até em meios nos quais as pessoas não veem valor algum em ser um músico, essa afirmativa surte um efeito extraordinário.

Voltamos ao processo civilizador e seus valores simbólicos como ferramentas de domínio e imposição. Racionalmente pensando, pergunto em que mundo um maestro seria tão mais importante que os próprios compositores que compuseram o que ele, maestro, rege e que os músicos executam? Não deveria ser mais horizontal essa relação de valores e apreços? No fundo, me parece mais uma situação na qual o poder construído está tão ou mais ligado a forças políticas de contato e poder que propriamente à capacidade musical. Se não o é, parece!

Como podemos entrar em um curso de música clássica no qual o que é contemporâneo é relegado apenas ao conhecimento dos alunos do curso de composição musical e de alguns alunos dos bacharelados em instrumento, que, por iniciativa própria ou de seus professores de instrumento, buscam esses repertórios? E por que a música clássica excluiu de sua formação, numa mesma dimensão de valores, a música produzida na Europa a partir dos anos 1940-1950, ficando este conhecimento restrito somente aos alunos dos cursos citados? Aqui, entraríamos no âmbito da recepção musical, área na qual, certamente, a música clássica europeia produzida a partir dos anos 1940, que, aliás, passa a prescindir da orquestra, seja menos palatável ao gosto e aos ouvidos de um público adestrado que sempre a ouviu.

Alguns, agora, devem estar se perguntando se é importante que se cultive a música criada nos séculos passados até o século XIX? Sim. O arcabouço de conhecimentos desenvolvido pela música europeia entre os séculos XV e XX é inconteste. É fabulo-

HISTÓRIA E CULTURA NO SOM DA VIOLA

so e devemos, sim, conhecê-lo e aproveitá-lo em nossas práticas cotidianas. Quantas preciosidades nos foram legadas ao longo desses últimos séculos! O que é insensato é termos essa música como nossa única referência de ensino e a ilusão de que seja o ápice musical da humanidade, como muitos acreditam que seja, pois, ao assumirmos essa postura, estamos cabalmente constatando que o nosso mundo é aquele e não este em que vivemos. E, ao não trazer nem tampouco questionar a falta de algo que nos torne pessoas contemporâneas, e, mais ainda, viventes da própria terra em que habitamos, estamos nos colocando de maneira anacrônica e desterrada no mundo.

Como podemos conceber de nos esvaziarmos de nossas culturas de origem para recebermos uma nova? Em verdade, acabamos sendo aculturados para depois sermos enculturados, como vemos muitos projetos sociomusicais em bairros e regiões urbanas em estado de vulnerabilidade social levando a música clássica, dando-nos a entender que na pobreza não há cultura ou que a cultura que ali existe é menor a ponto de ser exterminada. Pior, fazendo que essas jovens e esses jovens passem a almejar ser o que jamais serão: culturalmente europeus.

Algumas ordens católicas missionárias e outras ordens religiosas protestantes fizeram e ainda fazem isso até hoje com povos autóctones e com populações urbanas, destruindo o seu secular sentido de vida sob o discurso da "salvação".

Longe dessas atitudes arbitrárias e colonizadoras, não seria melhor pensarmos na soma dessas culturas? Que cada uma se mantivesse como sempre foi e todas pudessem se encontrar respeitosamente numa perspectiva horizontal?

O que muitos professores e escolas fazem no Brasil, hoje, longe de ser uma atitude xenófoba, é uma atitude xenófila[25].

---

25. Se a xenofobia se manifesta como horror à cultura do outro, a xenofilia é o

Simone Weil, filósofa francesa, elaborou uma carta para uma possível Europa reunificada após a Segunda Grande Guerra, que durou de 1939 a 1945:

O enraizamento é talvez a necessidade mais importante e mais desconhecida da alma humana. É uma das mais difíceis de definir. O ser humano tem uma raiz por sua participação real, ativa e natural na existência de uma coletividade que conserva vivos certos tesouros do passado e certos pressentimentos do futuro. Participação natural, isto é, que vem automaticamente do lugar, do nascimento, da profissão, do ambiente. Cada ser humano precisa ter múltiplas raízes. Precisa receber quase que a totalidade de sua vida moral, intelectual, espiritual, por intermédio dos meios de que faz parte naturalmente. As trocas de influências entre meios muito diferentes não são menos indispensáveis que o enraizamento no ambiente natural. *Mas um determinado meio deve receber uma influência exterior, não como uma importação, mas como um estimulante que torne sua própria vida mais intensa. As importações exteriores só devem alimentar depois de serem digeridas. E os indivíduos que formam o meio, só através dele as devem receber*[26].

Observem a parte destacada em itálico... Reflitam agora sobre ela.

É claro e óbvio que devemos trazer para nós todo o conhecimento desenvolvido e acumulado ao longo dos séculos por todos os povos com os quais temos contato, mas ainda não enxergo sensatez ante a atitude de nos esvaziarmos de nossos conhecimentos para recebermos algo que só nos pertence em parte, pois, além de termos muitas outras culturas em nossa formação sócio-histórica, estamos distantes cultural e geograficamente dessas

horror à própria cultura, restando, assim, como opção, apenas a cultura do outro.

26. Simone Weil, *A Condição Operária e Outros Estudos Sobre a Opressão*, p. 411. Grifo nosso.

matrizes que insistimos em eleger como únicas, o que nos coloca sempre na condição de retaguarda e nunca de vanguarda. Sempre uma periferia[27].

O nosso medo de sistematizarmos o nosso próprio conhecimento é tanto que o Projeto Guri, um projeto do governo do Estado de São Paulo que assiste a mais de sessenta mil crianças e jovens ensinando música, no início de suas operações, encontrou resistência ao tentar ensinar apenas música clássica pelo interior do Estado. Aquela música não fazia parte da realidade daquelas pessoas. A maioria sequer a tinha escutado alguma vez. Partiram, então, para o ensino da música popular e, como não tinham métodos para essa abordagem, convidaram o pesquisador inglês David Swanwick para ensinar aos professores brasileiros como se ensina música popular.

Naquele momento, fizeram isso ao invés de abrirem as janelas e olharem para ver como as pessoas aprendem, até hoje, música no Brasil. Isso, na época, foi devido à direção do projeto que tinha em seu corpo diretor pessoas formadas pelo modelo europeu e não por um modelo misto, mais permeável, como é o caso, hoje. Daí essa adesão tão ingênua.

No país da música popular, onde grande parte dos maiores compositores de MPB são analfabetos musicais, no país onde todos "tiram música de ouvido", no país onde se aprende e se ensina música desta maneira há pelo menos duzentos anos, foi necessário trazer um inglês para nos dizer como devemos fazer o que sempre fizemos e até ensinamos ao mundo?

Como é possível haver uma insensatez que não se percebe insensata? A resposta mais próxima que encontro é um estado de alienação cultural, conforme o qual o que me pertence é o que

---

27. Antonio Garcia Gutierrez trabalha essa ideia em seu artigo "Cientificamente Favelados – Uma Visão Crítica do Conhecimento a Partir da Epistemologia".

eu quero que me pertença, porque assim fui educado. E nada do local onde vivo me serve. Isso é um problema cognitivo que merece atenção e tratamento.

Nas grades curriculares dos cursos de música clássica no Brasil, quer sejam em faculdades ou conservatórios, pouco ou nada se fala sobre música brasileira, quando muito datas e nomes de compositores. Tanto é que os músicos de orquestra sabem muito de música europeia e seus repertórios, mas só conhecem da música brasileira o lixo que é despejado diariamente pela mídia através de uma música descartável e sazonal[28].

Quando a viola brasileira entrou no currículo de música da usp, em 2005, não encontrou diálogo com nenhuma matéria que havia no curso. Ora, se um instrumento que é tão representativo de várias culturas populares presentes no Brasil quando entra em um curso no próprio país se sente como um estrangeiro e ainda é tratado como um instrumento exótico, onde estaria o problema? Utilizando uma ideia de Henri Lefebvre[29], podemos pensar que o problema não é somente um problema, mas também um indicador das falhas presentes na estrutura que o gerou.

Devemos nos ater à realidade de que a configuração de cursos como o ensino de uma música datada, anacrônica, de uma localidade, sendo transmitida como a única existente a um outro

---

28. Lembro-me que, em 2006, fiz algumas apresentações com a Orquestra de Ribeirão Preto e uma delas foi em Descalvado, no interior de São Paulo. Na volta a Ribeirão Preto, no ônibus, três simpáticos músicos se levantaram e vieram até onde eu estava sentado e começaram a cantar músicas caipiras, pois o instrumento que eu tocara com eles fora a viola. Tentaram cantar três dessas músicas inteiras, *Tristezas do Jeca, Menino da Porteira* e *Saudade de Minha Terra*. Pararam no meio de todas por não saberem a letra. Súbito, no fundo do ônibus, alguém começou a cantar um sertanejo romântico de Leandro e Leonardo ("pense em mim, chore por mim...") e, nesse momento, todos os músicos do ônibus cantaram inteira, em coro, essa música que havia sido um sucesso sazonal, pago pelo jabá e imposto pela mídia.

29. Conferir nota n. 4 no ensaio "A Cultura como Boi de Guia", pp. 121 e ss.

local e a outra cultura, é absolutamente disparatada e não mereceria credibilidade pela própria realidade que gera em torno de si. E isso nunca foi colocado em questionamento.

Somar, conviver, soar junto, sim, mas da forma excludente como são estruturados a maioria dos currículos musicais nas faculdades de música no Brasil, não faz o mínimo sentido. Acultura para depois enculturar.

Não deveria ser uma premissa absorvermos as outras culturas tendo como parâmetro de recepção a nossa, tal qual nos ensinou Simone Weil em seu conceito sobre o enraizamento?

Não seria a manutenção de um curso calcado nesse formato mais uma forma de dominação cultural? Notemos que os EUA deram um passo adiante ao colonialismo inglês, ao dominar primeiro culturalmente, pelo cinema, para depois levar os seus valores de vida e sua cultura de consumo.

Notemos, ainda, que se a MPB ou qualquer outra música do planeta fosse produzida nos EUA ou na Inglaterra, possivelmente o mundo todo estaria cantando e tocando essas músicas, porque são eles quem controlam a distribuição e a acessibilidade dessas músicas à grande mídia.

Aqui, retorno a uma questão colocada logo no início deste texto. Se pensarmos em categorizações, encontraremos os termos "compositor nacionalista" na música clássica e "música regional" no âmbito da música popular. Ora, Stravinsky utilizou como base de suas criações, tanto quanto Bartók, Kodaly, Falla e Villa-Lobos, as músicas de motivação folclórica de seu país. O que nos suscita curiosidade é notarmos por que Stravinsky não é tratado como um compositor nacionalista. Seria por que a Rússia estava no *mainstream*, na corrente central da música europeia? Alguns jovens já cunharam, ironicamente, o termo música "eurodita", no intuito de colocarem em xeque o conceito de erudição que, na maioria das vezes, é atribuído apenas a este segmento musical.

POR QUE A MINHA MÚSICA NÃO ENTRA NO REPERTÓRIO?

E assim se constroem as verdades. Os que não pertencem ao grupo que dita as regras, como uma seleção dos etnocêntricos ou do eurocentrismo, ficam no grupo dos nacionalistas, ou seja, fazem parte, mas são tratados como menores, como periféricos[30]. E quando fazemos parte, porém com restrições prédeterminadas, nunca seremos iguais, mas sempre inferiores. E o engraçado é que a maioria dos compositores, tanto quanto os musicólogos pertencentes aos países produtores de obras "nacionalistas", aceitam sem questionamento algum essa marca, que, no fundo, não passa de uma pecha travestida de período histórico.

O mesmo ocorre com a designação de música regional no Brasil. Tudo o que não faz parte da corrente carioca, baiana ou paulista da MPB é tratada como regional.

Não seria isso uma própria negação da potência e diversidade multicultural de uma música e de um país ao afirmarmos que apenas um determinado setor é principal? Principal para quem? Principal por quê? A partir de quais parâmetros? Seria a realidade cotidiana narrada pelos sambistas cariocas mais importante que as realidades narradas na música nordestina, na música caipira ou a de qualquer outro lugar do país?

Há, aí, toda uma questão histórica do Rio de Janeiro ter sido ao capital da Colônia, do Império e depois da República e, é bem verdade, ter sido, por mais de cem anos, o grande centro de encontros culturais, de pessoas e de informações e, não podemos nos esquecer, também por ter tido, no governo Vargas, um forte apoio à cultura popular urbana, à cultura do proletariado, à radiofonia e à indústria do disco. Mas esses fatores de encontro e criatividade ocorridos não poderiam – nem deveriam – ser colocados como elementos de supremacia e superioridade num es-

---

30. Vale ler o que Antonio Candido escreve sobre o nacionalismo no texto "Uma Palavra Instável", Caderno Mais! da *Folha de S. Paulo*, 27 ago. de 1995.

paço onde a multiculturalidade do país nos convida a olharmos a vastidão e a exuberância cultural de maneira horizontal e não verticalizada.

Outras Experiências

Ainda falando de centros de poder, a educação calcada no preconceito vai mais adiante. Quando comecei a dar aulas na USP, em 2005, alguns professores não me cumprimentavam pelo simples fato de o meu instrumento ser a viola caipira, ou viola brasileira, como preferimos chamar. Alguns alunos, em sala de aula, me perguntavam, ironizando, se eu sabia ler uma partitura por ser um tocador de viola. Numa aula de percepção musical, coloquei para tocar uma música do Chico Buarque e ouvi o comentário de uma aluna do terceiro ano de violino: "Chico Buarque... acho que já ouvi falar dele, acho até que já devo ter escutado alguma coisa dele".

Ora, um sistema educacional que restringe dessa maneira a visão de mundo dos jovens e forma pessoas que julgam e entendem o mundo à sua volta a partir de suas limitações e preconceitos precisa ser urgentemente repensado. Nunca podemos nos esquecer de que toda forma de julgamento é uma autoacusação: cada um dá o que tem ou cada um é o que consegue ser a partir do que aprendeu.

Mais do que construirmos nossos discursos como uma resposta à colonização que tivemos e ao que nos tornamos a partir do que nos ocorreu em nossa história, pensamos ser mais importante construirmos nosso caminho de soma, não propriamente como uma resposta, mas sim pela simples e plena afirmação de nossa existência e da nossa essência criativa como um povo que tem muito a dizer quando o assunto é música.

Assim, fica-nos claro que, por trás de todo método, há uma cultura ou intenção que o guia. Resta-nos saber o que pensamos

POR QUE A MINHA MÚSICA NÃO ENTRA NO REPERTÓRIO?

sobre tudo isso e o que queremos ou sonhamos no nosso projeto de educação musical. Se continuamos criando músicos que beiram o caricato ou livres pensadores que, com o ferramental adquirido nas escolas, conseguirão ser elementos transformadores do mundo em que vivem.

Deixo, aqui, algumas ideias sobre a reconstrução dos nossos currículos, fruto dessas vivências e pesquisas empreendidas ao longo desses últimos vinte anos:

1. Por detrás de todo método há uma cultura que o concebe.
2. Fica mais fácil criarmos um novo currículo se o construirmos do final para o começo. Para isso, devemos nos perguntar o que esperamos do músico que pretendemos formar. Quais deverão ser as suas habilidades? Em face dessas respostas, vamos, então, escolhendo as matérias e seus conteúdos programáticos e traçando-as de maneira que haja uma transversalidade no ensino, ou seja, que as matérias dialoguem umas com as outras ao longo do curso. A partir dessa óptica, fica inadmissível pensarmos em um currículo que não seja transversal, pois, dessa maneira, transversal, o aprendizado ganha sentido para o aluno. Não a partir da dissecação individual de cada uma dessas matérias, mas sim de modo a mostrar aos alunos que esse conjunto de matérias individualizadas faz parte da mesma ideia chamada música e de que esta ideia chamada música vive numa sociedade presente, e mais, que esta sociedade é multicultural.
3. Para qualquer curso, é necessário que se estude história da música europeia contextualizada em sua época, pois foi, em parte, a partir de sua prática na colonização que se desencadearam as músicas populares no continente americano.
4. Contraponto e análise são ferramentas para qualquer tipo de curso de música em qualquer lugar.

5. Devemos nos lembrar que os compositores dos séculos passados foram pessoas de sua época e que estavam atentos às questões do período em que viveram. É quase leviano termos uma visão anacrônica para a qual compositor bom é o que já morreu há quase ou mais de cem anos, pois isso deixa um resíduo de que primeiro devemos morrer e decompor para depois sermos, quem sabe, descobertos e reconhecidos. Os compositores do século XIX foram, na sua maioria, reconhecidos enquanto estavam vivos.

6. Devemos estar atentos para o fato de que, hoje, a metodologia europeia de ensino de música clássica especializou-se em formar grandes intérpretes e não propriamente um grande número de compositores, e isso vai de encontro, de choque, às práticas populares no Brasil, país onde a criação musical é uma constante no aprender e fazer música. Cunhamos o termo imitação criativa para mostrar como se aprende música na tradição oral, na qual primeiro se copia e, ao aprender, se recria.

7. Todo curso deve ter um grupo de matérias e assuntos que estejam voltados ao entendimento da cultura local em que o curso está operante, dada a multiculturalidade de nosso país.

8. Não seria o momento de retomarmos o som como material primário de nossos estudos e, com isso, voltarmos a estimular nos nossos alunos uma forte percepção auditiva, pois agora temos o formato de áudio e de vídeo entre os nossos registros e arquivos?

9. Qual seria a dificuldade em acrescentarmos práticas da música popular, como o "tirar músicas de ouvido", a não ser a limitação e falta de prática dos próprios professores que ministram essas matérias?

POSFÁCIO
IVAN VILELA NA TOADA DO RELATO: BREVE ENSAIO DE TRADUÇÃO CONTRACOLONIAL

Álvaro Silveira Faleiros

Como se pode ler logo no título do livro, *História e Cultura no Som da Viola – Ensaios e Relatos Sobre Cultura Popular*, Ivan Vilela se coloca num espaço de reflexão, ao mesmo tempo, tão antigo quanto a milenar transmissão oral e tão invisibilizado pela cultura letrada hegemônica nas universidades. Ao colocar lado a lado, fundindo-os, os gêneros "ensaio" e "relato", Ivan abre uma brecha fundamental para pensarmos a própria ideia de conhecimento e de como este se produz. Esse gesto político e epistemológico já aponta para o tipo de relação que o autor estabelece com suas práticas musicais, didáticas, reflexivas. Para entender o alcance e a originalidade deste instigante trabalho, proponho aqui um breve exercício de tradução cultural.

O pensador quilombola Antônio Bispo dos Santos, o Nêgo Bispo, recém-falecido, nos legou uma das mais poderosas ferramentas conceituais para se pensar o Brasil. Tradutor do pensamento quilombola para o nosso mundo eurocentrado, Santos provoca um deslocamento epistemológico maior. Em relação a seus próprios escritos, diz:

> [...] traduzi os saberes ancestrais de nossa geração avó da oralidade para escrita, [trazendo] algumas denominações que as pessoas na academia chamam conceitos. A partir daí, seguimos na prática das denominações dos modos e das falas, para contrariar o colonialismo. É o que chamamos de guerra das denominações: o jogo de contrariar as palavras coloniais para enfraquecê-las[1].

Ao propor, neste livro, um conjunto de textos compreendidos como "ensaios" e "relatos", Vilela entra a seu modo na guerra de denominações. Por que um "relato" teria menos valor na produção de conhecimento do que um "ensaio"? Essa pergunta evidenciada no título do trabalho condiz com a abordagem adotada na escrita dos textos deste volume de diferentes maneiras.

Primeiramente, pelo modo como a experiência vivida pelo autor informa a maioria dos escritos. Por exemplo, em "Por Que a Minha Música Não Entra no Repertório?", Vilela "conta duas pequenas histórias" de sua vida. A primeira delas, sobre seu percurso formador e os percalços que encontrou na universidade de música, em função da impossibilidade de incorporar naquele meio a música caipira, começa assim:

> Cresci no interior, onde a periferia se confunde com a zona rural, e, desde cedo, tomei gosto pelas manifestações expressas pelas culturas populares que me cercavam, sobretudo as folias de Reis e congadas, que estavam presentes no meu cotidiano de menino. [...] Na faculdade de música, encontrei minha real condição. Os colegas do curso de música clássica do qual eu fazia parte tratavam-me como um músico popular.

1. Antônio Bispo Santos, *A Terra Dá, a Terra Quer*, p. 13.

POSFÁCIO

[...] Já os colegas do curso de música popular, que estava em seu primeiro ano de instalação, tratavam-me como músico regional ou folclórico – como alguns deles me chamavam –, porque eu já fazia pesquisas de campo e conhecia e transitava num meio musical que era tratado pela mídia e pelos musicólogos como música regional. [...]

A real condição de Vilela encontra importantes ecos com o que Nêgo Bispo escreve a respeito do conhecimento. Como relembra o pensador:

Na cidade só havia a escola escriturada. Não havia outras escolas, escolas da inspiração ou da brincadeira. Quando as escolas escrituradas chegaram ao nosso território, foi de uma forma muito acelerada. A escrita queria, a qualquer custo, se instalar e passar a ser a linguagem predominante. [...] As nossas mestras e os nossos mestres da oralidade foram considerados desnecessários pelo sistema[2].

De modo análogo, Ivan Vilela e Nêgo Bispo viram sua condição ser desvalorizada e incompreendida, com suas formas de produzir conhecimento e música sendo descartas e rebaixadas na escola escriturada. Nesta, contar histórias, compartilhar relatos, ir a campo pesquisar, não parecia ter lugar, diferentemente do que ocorre nos quilombos e no trabalho de Vilela. Para ambos, contar história conta, pois, como acrescenta Bispo:

No quilombo, contamos histórias na boca da noite, na lua cheia, ao redor da fogueira. As histórias são contadas de modo prazeroso e por todos. [...] Nós contamos histórias sem cobrar nada de ninguém, o fazemos para nos fortalecer[3].

Não por acaso Vilela adverte "as intenções do neoliberalismo ao se apoderar de uma forma de educação que sempre fora

2. *Idem*, pp. 24-25.
3. *Idem*, p. 25.

fundamentada na somatória da informação com a experiência e da qual, agora, fora suprimida a experiência, deixando ao acesso de todas as pessoas apenas a informação". É o enfraquecimento da experiência em nome da pura troca de informação esvaziada de vida. Difícil não lembrar aqui uma vez mais de Nêgo Bispo, quando declara:

> Quando ouço a palavra confluência ou a palavra compartilhamento pelo mundo, fico muito festivo, quando ouço troca, entretanto, sempre digo: "Cuidado, não é troca, é compartilhamento". Porque a troca significa um relógio por um relógio, um objeto por outro objeto, enquanto no compartilhamento temos uma ação por outra ação, um gesto por outro gesto, um afeto por outro afeto. E afetos não se trocam, se compartilham[4].

Para quebrar com a lógica das trocas, Vilela vai trazendo, para dentro de seu texto, vários relatos com ele compartilhados. Seja o do cruel professor de música numa banca de vestibular, seja sua conversa com o compositor Renato Teixeira, seja sua entrevista com o professor de viola Rafael Delgado, ou ainda a mensagem de áudio recebida por WhatsApp de um tocador de viola português... Em todos esses momentos, o conhecimento transmitido oralmente aparece como legítimo, articulando-se o com a erudição do historiador que é Ivan Vilela.

Essa valorização da oralidade está explícita também em sua prática docente. Para ele "tocar de ouvido", ou fazer escutas em que se compartilham as impressões dos ouvintes são práticas consideradas fundamentais para a formação do músico, seja ele violeiro ou não. Esta formação, conforme Vilela, tampouco pode prescindir do entendimento da história da viola no Brasil e em Portugal, de sua força e existência nos meios não

4. *Idem*, p. 36.

letrados. Nesse sentido, as memórias do menino no interior, assim como as vivências do pesquisador junto às comunidades, enriquecem a transmissão, permitindo ao autor que valorize, entre outros tantos aspectos, a magia. Como observa Vilela, o violeiro

> [...] mantém um trânsito do profano para o sagrado, e vice-versa, como nenhuma outra pessoa da comunidade consegue. Ele toca nas festas da igreja e faz o pacto com o tinhoso para tocar melhor e nem por isso é rechaçado do meio onde vive. A proximidade com o mundo sobrenatural é uma constante em seus hábitos.

O lugar social do violeiro, paradoxal e ambíguo, atravessa a vida da comunidade. É, por um lado, diabólico e, por outro, altamente simbólico, participando de forma ativa na construção ritual na vida da comunidade. A lembrança que Vilela trouxe de sua infância para sua contação de histórias foram justamente as folias de Reis e as congadas. Sobre as festas populares, Nêgo Bispo comenta:

> Nas nossas comunidades, havia pessoas que fabricavam instrumentos musicais e as pessoas que os tocavam. Alguns fabricavam e tocavam, outros cantavam. Nas festas, todos rezavam. As festas não eram mercadoria. Minha avó dizia que tinha a festa e tinha o furdunço. A festa era uma comemoração, um festejo, uma manifestação de alegria. E o furdunço era aquele movimento feito de forma oportunista para ganhar dinheiro, sem relação com a vida, sem autenticidade[5].

Co-memorar, memorar junto, produzir uma reflexão que estabeleça uma relação autêntica com a vida, essa parece ser a toada deste livro. Tanto é que, num dos mais emocionantes capítulos do livro, "Da Prática, a Teoria", Ivan Vilela conta como, nos

---

5. *Idem*, p. 40.

anos que passou em Portugal, conseguiu fomentar a criação de um fórum no qual os violeiros portugueses iniciaram um compartilhamento novo e inédito, aprendendo a se conhecer, saindo de seu isolamento, vendo se gestar uma comunidade onde antes havia apenas competição. Evidência de que não estamos diante apenas de um exercício de intelecção, mas de um modo de pesquisa que visa a transformação efetiva desde outro paradigma de produção de conhecimento, no qual aqueles que participam afetam e são afetados, fazendo o conhecimento circular.

Aliás, Vilela, em sua consistente e informada defesa da potência criadora do conhecimento popular, relembra o saudoso mestre Alfredo Bosi quando este observa que "uma mente moldada pelo saber oral/aural organiza de forma não linear (plural, mas não caótica) os conhecimentos que lhe chegam, diferentemente de como o entendimento é construído pelo saber escrito, de forma mais unívoca". Ele converge, assim, uma vez mais, com o pensamento de Nêgo Bispo, que, por sua vez, destaca:

> Os colonialistas, povos sintéticos, são lineares e não transfluem, eles apenas refluem, porque são o povo do transporte. Para eles, o pé é o conteúdo e o sapato é a forma, e ponto final. Não conseguem compreender o sapato como conteúdo e o pé como forma, porque vão responder que o pé está dentro do sapato. Ora, não é bem assim. O meu pé determina o tamanho de um sapato, não é um sapato que determina o tamanho de um pé. Os eurocristãos colonialistas só podem ir e refluir, porque não circulam, como nós. O transporte vai e volta, em linha reta.
>
> Já no sistema cosmológico, não há refluência. A água não reflui, ela transflui e, por transfluir, chega ao lugar de onde partiu, na circularidade. Ou seja, ela vai na correnteza, encontra outras águas, fortalece-se na correnteza, mas, ao mesmo tempo, evapora, percorre outro espaço, em forma de nuvem, e chove. A chuva vai para outros lados, mas também volta para as nascentes. As nascentes saem do Cerrado e vão confluindo. Confluindo e transfluindo, elas também evaporam e retornam em forma

POSFÁCIO

de chuva. Elas não vêm pelo mesmo percurso, caminho ou curso. Elas vêm na circularidade[6].

Essa longa citação mostra bem a distinção entre o que se pode denominar "pensamento sintético" e o "pensamento orgânico". Este último não é nada caótico, mas sua sistemática é cosmológica, articulando-se a partir dos afetos e das experiências. Assim são também os relatos-ensaios de Ivan Vilela que compõem este livro.

Entre eles, destacamos, por fim, um dos mais teóricos deste livro, intitulado "A Cultura Como Boi de Guia". Nele, o autor apresenta distintas maneiras de se abordar a cultura popular, destacando o olhar etnocêntrico aplicado ao ensino musical, com imensa incapacidade de sistematizar nosso saber oral na forma de saber escrito. Esse olhar grafocentrado faz com que se chame, por exemplo, o saber oral de "informal", ignorando suas formas próprias de formalização. Nesse sentido, Vilela acrescenta:

É sabido que muitos povos não grafocêntricos do mundo, ou no momento em que ainda não possuíam um sistema de escrita, sempre escolheram uma pessoa de sua comunidade para ser o guardião das vivências de seu grupo. Câmara Cascudo, em seu livro *Vaqueiros e Cantadores*, cita os veládicas na Índia, os metris e os moganis árabes, os aedos e os rapsodos gregos, os *gleemen* anglo-saxões, os bardos celtas, os *griots* na África subsaariana, e nós colocaríamos aqui os cantadores na América Latina. [...]

A música popular no Brasil se portou e ainda se porta como a grande cronista dos povos que não tiveram outra maneira de registrarem a sua história.

Essa citação nos lembra bem o quanto nossa cultura se alimenta e se constitui pela música, sendo esta um dos mais vivos

6. *Idem*, p. 50.

229

e contundentes registros de nossa história. Vilela vai além e traz para sua reflexão "outras múltiplas raízes". Ele lembra o papel central que a música ocupa na organização da vida comunitária dos indígenas, dos negros, dos periféricos, dos caipiras, sendo fundante no nosso modo de existência, propondo, em seguida, a pergunta:

> Será que, a partir disso, poderíamos inferir que somos musicais e fazemos música por nossa própria essência de existir? Se sim, neste âmbito da criação, isso pode nos levar a um olhar perspectivista e não propriamente decolonialista.

Após o questionamento, Vilela modula seu discurso observando que:

> É certo que o decolonialismo possa ter seu lugar no campo de reivindicações de nossa existência ante quem nos colonizou e nos oprimiu, mas, ao mesmo tempo, pode desavisadamente nos colocar numa mirada quase pós-colonialista para a qual só faríamos música para espantar o horror causado pelo colonizador-invasor, além de o deixarmos ainda no centro das nossas questões, dando-lhe importância maior do que, na realidade, tem ao nos desviar o olhar da verdadeira essência que nos move. [...] Sugerimos aqui que, ao nos voltarmos mais cuidadosamente para as nossas histórias musicais, veremos que estiveram mais próximas de uma atitude perspectivista que decolonialista.

A rica e instigante reflexão de Vilela, em que distingue uma atitude perspectivista de uma atitude decolonial, conflui uma vez mais com o pensamento de Nêgo Bispo, quando este afirma:

> O grande debate hoje é o debate decolonial, que só consigo compreender como a depressão do colonialismo, como a sua deterioração. Compreendo o sufixo "de" como isso: depressão, deterioração, de-composição. Cabe às pessoas decoloniais, em qualquer lugar do mundo, educar sua geração neta para que não ataque a minha geração neta. Elas só são necessárias se fizerem isso, porque é isso o que é necessário fazer.

POSFÁCIO

E a nós, contracolonialistas, cabe inspirar a nossa geração neta para que ela se defenda da geração neta dos decoloniais e dos colonialistas[7].

Assim, ler este incontornável livro de Ivan Vilela é compreender a força transformadora da prática e do pensamento de alguém cuja atitude perspectivista (voltada para nossas raízes, para nosso interior) em relação ao ensino, à pesquisa e à viola, tem contribuído para que reconheçamos o poder criador de nossas fundamentais cosmologias contracoloniais, sem as quais apenas produzimos um pensamento fraco.

7. *Idem*, p. 53.

R EFERÊNCIAS BIBLIOGRÁFICAS

ABREU, Martha. *O Império do Divino*. Rio de Janeiro, Nova Fronteira, 1999.

ALVARES, Cláudia Assad. "Sufixos Formadores de Profissões em Português: -ista x -eiro, Uma Oposição". VIII Congresso Nacional de Linguística e Filologia, Rio de Janeiro. *Cadernos do CNLF*, pp. 149-165, 2004.

ALVES, Luísa Carvalho Tavares. *A Criação Como uma Via para o Processo de Ensino-Aprendizagem em Percepção Musical: Propostas para Ensino Superior*. São Paulo, Escola de Comunicações e Artes, Universidade de São Paulo, 2022 (mimeo).

ALVES, Vera Marques. "O SNI e os Ranchos Folclóricos", *Vozes do Povo – A Folclorização em Portugal*. Org. Salwa El-Shawan Castelo-Branco e Jorge Freitas Branco. Oeiras, Celta Editorial, 2003.

AZEVEDO, Ricardo. *Abençoado e Danado do Samba: Um Estudo Sobre o Discurso Popular*. São Paulo, Edusp, 2013.

BAKHTIN, Mikhail. *A Cultura Popular na Idade Média e no Renascimento*. 6. ed. São Paulo/Brasília, Hucitec/UnB, 2008.

BASTOS, Rafael Menezes. *A Musicológica Kamayurá*. 2. ed. Florianópolis, Editora da UFSC, 1999.

BENJAMIN, Walter. *Obras Escolhidas: Magia e Técnica, Arte e Política*. São Paulo, Brasiliense, 1985.

BONDÍA, Jorge Larossa. "Notas Sobre a Experiência e o Saber de Experiência". *Revista Brasileira de Educação*. n. 19, pp. 20-28, jan.–abr. 2002, Campinas. Conferência n. 1 Seminário Internacional de Educação, Campinas, s.d.

BOSI, Alfredo (org.). *Cultura Brasileira – Temas e Situações*. 4. ed. São Paulo, Ática, 2006.

_____. *Dialética da Colonização*. 4. ed. São Paulo, Companhia das Letras, 2005.

_____. *Literatura e Resistência*. São Paulo, Companhia das Letras, 2008.

BOSI, Ecléa. *Cultura de Massa e Cultura Popular*. Petrópolis, Vozes, 2003.

_____. *Memória e Sociedade*. 12 ed. São Paulo, Companhia das Letras, 1995.

_____. *Memória e Sociedade – História de Velhos*. São Paulo, Companhia das Letras, 2006.

BRANDÃO, Carlos Rodrigues. *Festim dos Bruxos*. São Paulo, Ícone, 1987.

_____. (org.). *Pesquisa Participante*. São Paulo, Brasiliense, 1982.

_____. *Sacerdotes de Viola*. Petrópolis, Vozes, 1981.

BRASIL. Decreto n. 11.530, de 18 de março de 1915. Reorganiza o ensino secundário e o superior na República. *Diário Oficial da União*. Rio de Janeiro, RJ, Seção 1. Acesso em: 27 jul. 2023.

BRUNO, Ernani Silva. *Equipamentos, Usos e Costumes da Casa Brasileira*. São Paulo, Edusp, vol. 5, 2001.

BUDASZ, Rogério. *A Música no Tempo de Gregório de Mattos*. Curitiba, DeArtes – UFPR, 2004.

_____. *The Five-Course Guitar (Viola) in Portugal and Brazil in The Late Seventeenth and Early Eighteenth Centuries*. University of Southern California, EUA, 2001. Tese de Doutorado.

CARRILHO, Maurício. "Entrevista de Maurício Carrilho a Almir Chediak". *Songbook Choro*. Rio de Janeiro, Lumiar Editora, vol. 1, 2007.

CARVALHO, José Murilo de. *A Formação das Almas – O Imaginário da República no Brasil*. São Paulo, Companhia das Letras, 2017.

REFERÊNCIAS BIBLIOGRÁFICAS

_____. Os Bestializados – O Rio de Janeiro e a República que Não Foi. São Paulo, Companhia das Letras, 1989.

CASCUDO, Câmara. Vaqueiros e Cantadores. São Paulo/Belo Horizonte, Edusp/Itatiaia, 1984.

CASTELNAU-L'ESTOILE, Charlotte de. Operários de uma Vinha Estéril. Bauru, SP, Edusc, 2000.

CASTRO, Eduardo Viveiros de. "A Antropologia Perspectivista e o Método da Equivocação Controlada". Trad. Marcelo Giacomazzi Camargo e Rodrigo Amaro. Aceno – Revista de Antropologia do Centro-Oeste, vol. 5, n. 10, pp. 247-264, ago.–dez. 2018.

CASTRO, Renato Moreira Varoni de. Os Caminhos da Viola no Rio de Janeiro do Século XIX. Rio de Janeiro, UFRJ, 2007 (mimeo).

CHARTIER, Roger. Cultura Escrita, Literatura e História: Conversas de Roger Chartier com Carlos Aguirre Anaya, Jesús Anaya Rosique, Daniel Goldin e Antonio Saborit. Porto Alegre, Artmed, 2001.

CHAVES, Luís. Portugal Além: Notas Etnográficas. Gaia, Edições Pátria, 1932.

COLOMBRES, Adolfo. "Palabra y Artifício: Las Literaturas 'Bárbaras'", América Latina: Palavra, Literatura e Cultura. Campinas, Editora da Unicamp, 1995.

DEBRET, Jean-Baptiste. Viagem Pitoresca e Histórica ao Brasil. São Paulo, Livraria Martins, vol. 2, 1940.

ELIAS, Norbert. O Processo Civilizador. Rio de Janeiro, Zahar, 1993--1994, 2 vols.

_____. & SCOTSON, John L. Os Estabelecidos e os Outsiders. Rio de Janeiro, Zahar, 2000.

FERNANDES, Florestan. Folclore e Mudança Social na Cidade de São Paulo. 2. ed. Petrópolis, Vozes, 1979.

FREIRE, Paulo. Pedagogia do Oprimido. 17 ed. São Paulo, Paz e Terra, 1987.

FRIEIRO, Eduardo. O Diabo na Livraria do Cônego. São Paulo/Belo Horizonte, Edusp/Itatiaia, 1981.

GINSBURG, Carlo. O Queijo e os Vermes. São Paulo, Companhia das Letras, 2013.

GRAMANI, José Eduardo. Rabeca, o Som Inesperado. Campinas, Edição do Autor, 1998.

GUTIERREZ, Antonio Garcia. "Cientificamente Favelados – Uma Visão Crítica do Conhecimento a Partir da Epistemografia". *Transinformação*, vol. 18, n. 2, pp. 103-112, Campinas. Conferência no Seminário Unesco Chemins de la Pensée, Rio de Janeiro, 2006.

____. *En Pedazos – El Sentido de la Desclassificación*. Madrid, ACCI Editorial, 2018.

HOLLER, Marcos Tadeu. *Uma História de Cantares de Sion na Terra dos Brasis: A Música na Atuação dos Jesuítas na América Portuguesa (1549-1759)*. Campinas, Unicamp, 2006 (Tese de Doutorado).

KOPENAWA, David & ALBERT, Bruce. *A Queda do Céu*. São Paulo, Companhia das Letras, 2010.

KRENAK, Ailton. *Ideias para Adiar o Fim do Mundo*. São Paulo, Companhia das Letras, 2019.

____. *O Amanhã Não Está à Venda*. São Paulo, Companhia das Letras, 2020.

KRIEGHOFER, Gerald. *Irrwege einer Metapher*. Wiener Zeitung, 10 jun. 2017. Acesso em: 6 jan. 2024.

LARAIA, Roque de Barros. *Cultura – Um Conceito Antropológico*. 19. ed. Rio de Janeiro, Zahar, 1986.

LATOUR, Bruno. *Reagregando o Social – Uma Introdução à Teoria do Ator-Rede*. Bauru, EDUFBA/EDUSC, 2012.

LEVI-STRAUSS, Claude. *O Pensamento Selvagem*. São Paulo, Companhia Editora Nacional/Edusp, 1970.

LUZ, Estevão de Melo Marcondes. *Incendiárias Folhas – Ação Política, Imprensa e Instrução Pública na Trajetória do Padre Antonio José Ribeiro Bhering (1829-1849)*. Curitiba, Appris, 2019.

MACEDO, Joaquim Manuel de. *A Moreninha*. Ministério da Cultura, s.d.

____. *As Mulheres de Mantilha*. Ministério da Cultura, s.d.

MARTINS, José de Souza. *A Aparição do Demônio na Fábrica*. São Paulo, Editora 34, 2008.

____. *A Sociabilidade do Homem Simples*. São Paulo, Contexto, 2008.

____. *Capitalismo e Tradicionalismo*. São Paulo, Livraria Pioneira Editora, 1975.

MAUSS, Marcel. *Ensaio Sobre a Dádiva*. São Paulo, Cosac Naify, 2003.

REFERÊNCIAS BIBLIOGRÁFICAS

MINER, Horace. "Ritos Corporais Entre os Nacirema". *You and the Others – Readings In Introductory Anthropology*. Cambridge, Erlich, 1976.

MORAES, José Geraldo Vinci de. *Sonoridades Paulistanas*. Rio de Janeiro, Funarte/Bienal, 1997.

MORAIS, Manuel. "A Viola de Mão em Portugal". *NASSARE, Revista Aragoneza de Musicologia*, vol. 1, n. 22, pp. 393-462, 2006, Zaragoza.

NZEWI MEKI, Emeka. "Educação Musical Sob a Perspectiva da Diversidade Cultural e da Globalização: Posição da CIIMDA". *Revista da ABEM*, vol. XX, n. 28, pp. 81-93, 2012, Londrina.

OLIVEIRA, Ernesto Veiga. *Instrumentos Musicais Populares Portugueses*. Lisboa, Fundação Calouste Gulbenkian/Museu Nacional de Etnologia, 2000.

NASCIMENTO, Hermilson Garcia. *As Cordas Livres de Heraldo do Monte*. Org. Ivan Vilela. São Paulo, Çarê/Contraponto, 2020.

PELLEGRINI FILHO, Américo. *Carapicuíba – Uma Aldeia Mameluca*. São José dos Campos, Fundação Cultural Cassiano Ricardo, 2016.

PESSOA, Jadir de Morais e Félix, Madeleine. *As Viagens dos Reis Magos*. Goiânia, Editora da UCG, 2007.

RIBEIRO, Darcy. *O Povo Brasileiro*. 2 ed. São Paulo, Companhia das Letras, 2004.

_____. *Utopia Selvagem*. Rio de Janeiro, Nova Fronteira, 1982.

RIBEIRO, Manoel da Paixão. *Nova Arte de Viola*. Coimbra, Real Officina da Universidade, 1789.

ROSA, João Guimarães. *Ficção Completa*, Rio de Janeiro, Nova Aguilar, 1994-1995, 2 vols..

ROSA, Robervaldo Linhares. *Como É Bom Poder Tocar um Instrumento – Pianeiros na Cena Urbana Brasileira*. Goiânia, Cânone, 2014.

SAHLINS, Marshall. "Cosmologias do Capitalismo no Setor Transpacífico Sul", XVI Reunião da Associação Brasileira de Antropologia, Campinas. *Anais ABA*, 1988.

SALLES, João Moreira. "A Dificuldade do Documentário", *O Imaginário e o Poético nas Ciências Sociais*. Bauru, Edusc, 2005, pp. 57-72.

SANTOS, Antônio Bispo. *A Terra Dá, a Terra Quer*. São Paulo, Ubu, 2023.

TABORDA, Marcia. *Violão e Identidade Nacional*. Rio de Janeiro, Civilização Brasileira, 2011.

THOMPSON, E. P. *Costumes em Comum – Estudos Sobre a Cultura Popular Tradicional*. São Paulo, Companhia das Letras, 2011.

TINHORÃO, José Ramos. *Domingos Caldas Barbosa*. São Paulo, Editora 34, 2004.

_____. *História Social da Música Popular Brasileira*. Lisboa, Editorial Caminho, 1990.

TRAVASSOS, Elizabeth. "O Destino dos Artefatos Musicais de Origem Ibérica e a Modernização no Rio de Janeiro (ou Como a Viola Se Tornou Caipira)". *Artifícios e Artefactos – Entre o Literário e o Antropológico*. Rio de Janeiro, 7 Letras, 2006.

ULHÔA, Martha Tupinambá. "Inventando Moda – A Construção da Música Brasileira". *ICTUS – Periódico do PPGMUS-UFBA*, vol. 8, pp. 1-14, 2007.

VALE, Flausino. *Elementos do Folclore Musical Brasileiro*. São Paulo, Companhia Editora Nacional, 1978.

VILELA, Ivan. *Cantando a Própria História – Música Caipira e Enraizamento*. São Paulo, Edusp, 2013.

_____. "O Caipira e a Viola Brasileira", *Sonoridades Luso-Afro-Brasileiras*. Lisboa, Imprensa de Ciências Sociais da Universidade de Lisboa, 2004.

_____. "Vem Viola, Vem Cantando". *Estudos Avançados,* vol. 24, n. 69, pp. 323-347, 2010, São Paulo.

WILLIAMS, Raymond. *O Campo e a Cidade – Na História e na Literatura*. São Paulo, Companhia das Letras, 2011.

XIDIEH, Oswaldo Elias. *Narrativas Pias Populares*. São Paulo/Belo Horizonte, Edusp/Itatiaia, 1993.

WEIL, Simone. *A Condição Operária e Outros Estudos Sobre a Opressão*. Org. Ecléa Bosi. 2. ed. São Paulo, Paz e Terra, 1976.